侃氏定理 III

作者：祝守文先生
主編：徐衍芬博士

De Fu Publishing

網站: www.defupublishing.com
電郵: info@defupublishing.com

《侃氏定理III》

(Kan's Theorem III)

作者:祝守文

版權所有,翻印必究

繁體版精裝書國際書號 (ISBN):

978-1-922680-94-5

簡體版精裝書國際書號 (ISBN):

978-1-922680-95-2

繁體版平裝書國際書號 (ISBN):

978-1-922680-96-9

簡體版平裝書國際書號 (ISBN):

978-1-922680-97-6

繁體版電子書 EPUB 格式國際書號 (ISBN):

978-1-922680-98-3

簡體版電子書 EPUB 格式國際書號 (ISBN):

978-1-922680-99-0

出版: 德福出版社

2025年第1版

三陽開泰，萬象競新，天機初轉，智慧之光如曦光破曉。《侃氏定理III》應此天地吉運而生，猶如乾坤三陽之氣交匯於靈山之巔，化作靈思電閃、哲念星流，啟迪人間神識。

　　承「侃」之名，仍為雙星並耀，一體發光。繼首卷之初陽啟示，次卷之中陽舒展，今則太清燦然、極陽升騰，於無極之中描摹精神之域，於混沌之海播下神性的種子。

　　此非凡書，如三陽之環，共振於天心地脈之間。願觀者心神俱化，躍入那光影流轉、神意紛飛的思維宇宙！

前 言

　　再次誠摯感謝德福出版社對《侃氏定理》系列出版工作的鼎力支持，在這個萬象更新、智慧覺醒的時代，我們迎來了《侃氏定理》第三冊的正式出版。繼前兩冊揭示宇宙初生之理與天人合一之道後，第三冊以更宏大的視角、更深刻的洞見，引領我們步入一場穿越時空、直抵本源的思想之旅。

　　在前兩冊中，祝守文先生以精密的邏輯與卓越的想象力，構建出宇宙起源與生命秩序的宏大圖景，將古老智慧與現代哲思巧妙融合，揭示出宇宙生成與生命結構之間深刻的內在關聯。而今，《侃氏定理 III》不僅延續前作的哲思脈絡，更將思辨的鋒芒引向高維結構的深層世界。作者從超越性的靈性視角出發，分析神性意識的內在運作，剖析生命覺知的層層構造，勾勒出天、人、神三位合一、彼此貫通的生命全貌。

　　本冊中提出的宇宙生命圖譜，不僅呈現出一種全新的生命觀與宇宙觀，也如一面鏡子，映照出人類文明深處的精神結構。書中對於高維境界的細致描繪，使我們彷佛穿越了時空的重重屏障，進入一

個能量與覺知交匯、智慧與秩序共振的精神世界。在這一境域中，宇宙不再是冰冷無情的物質裝置，而是一個有覺知、有目的、有演化軌跡的整體生命體。

值得特別指出的是，《侃氏定理 III》在科學、哲學與形而上思維之間架起一座橋樑。它既不拘泥於傳統宗教的教義框架，也不滿足於現代科學的局部實證，而是以獨特的侃氏視角探索：萬物之間是否存在某種更高層次的意識秩序？而這種秩序又如何在時間長河中引領文明演化？

書中每一章節，都是一粒智慧的種子。「九天之門」的開啟、「神性融合」的軌跡、「三界共生」的邏輯……這些看似遙遠的高維概念，卻與我們當下的思想、信念、行為息息相關。它們不僅能提升我們對宇宙之道的認知，更為個人修為、社會和諧乃至文明進化，提供了內在的路徑指引。

如老子所言：「玄之又玄，眾妙之門。」侃氏定理正是一扇引人入妙的大門，引領我們由感性世界進入更深的存在真實，由紛擾喧囂的外境，回歸至心靈的澄明與秩序。它讓我們重新思考：「我們是誰？我們從哪裏來？又將歸於何處？」這是屬於每一個求道者的永恒課題，也是《侃氏定理 III》希

望與讀者共同探討的終極命題。

　　願此書成為你追尋生命真相的明燈，在時代的洪流中，重啟與本源智慧的聯結，走出屬於自己的覺醒之路。

徐衍芬博士

序 言

　　祝守文先生，少時即浸潤於中醫世家，深得中華文化之薰陶，心與老子哲思暗契，畢生鍾情《道德經》。此書如明燈常伴其左右，助其在歲月長河中，守靜養心，探尋生命真諦。其精神常與老子玄理共鳴，追索智慧之奧，求索真理之光。《道德經》不僅植根於華夏古風，亦為天地宇宙之藏珍。

　　宇宙之學，究天體之源，探日月星辰之秘，闡地球蒼穹之理。此如理性之燭，照徹迷茫，亦如無邊思想之海，蘊藏無盡奇妙。祝先生博採神話、物理、哲理諸學，融合貫通，自成一家，構建其獨特的宇宙觀。

　　老子之道，猶如大河奔涌，不息滋潤華夏大地，提倡天人合一，萬物共生。人若順應此道，則心寧神靜，萬事通達；若逆之，則阻於荊棘，難以舒展。祝先生所著，乃其多年研悟老子哲學之結晶，若璀璨明珠嵌於中華文化寶庫，既展現其對宇宙與生命之深邃見解，亦溝通古今，融貫中西，承載思想精華。

Cheang Khoo 博士

第一篇 天道初啟 ………………………… 1
第一節 十八長字與三陽開泰的奧秘 ………… 2
第二節 華蓋文化的宇宙構型 ………………… 4
第三節 天地初創與第一把鑰匙 ……………… 5

第二篇 文明初啟 ………………………… 7
第一節 九州文明的起源與分封 ……………… 8
第二節 華蓋文化的繼承與演化 ……………… 9

第三篇 文明裂變與秩序重構 …………… 11
第一節 從三虛到大墟 ………………………… 12
第二節 殷商崛起與通商時代 ………………… 13
第三節 文化分化與商周更替 ………………… 14

第四篇 禮樂之治 ………………………… 17
第一節 禮樂治國與封神之巔 ………………… 18
第二節 神歸崑崙與文化再興 ………………… 19

第五篇 文明的內轉與飛升 ……………… 21
第一節 仙隱與人類的自覺之路 ……………… 22
第二節 巫字演變與家國文化 ………………… 23
第三節 四象圖騰與東西方分化 ……………… 25
第四節 四象秩序與三源地球 ………………… 26
第五節 四象運化與萬物基因 ………………… 28
第六節 坐胎之謎與後室文化 ………………… 29

第六篇 返璞歸真 ……………………………… 33
第一節 開源：從物質到精神的躍遷 ………… 34
第二節 覺醒：甲辰之年的神啟時刻 ………… 35
第三節 升華：三元開源與人類新紀元 ……… 36

第七篇 天道啟示錄 …………………………… 39
第一節 華蓋之鑰與四象之道 ………………… 40
第二節 華蓋與三聖之脈 ……………………… 42
第三節 上帝的守望 …………………………… 43

第八篇 回顧神啟奠基 ············ 47
第一節 神兵下界與南天門的起點 ········ 48
第二節 三皇五帝與華蓋文化的創世紀 ······ 49
第三節 大禹治水與中原文明的奠基 ······· 50

第九篇 初繪天地 ·············· 53
第一節 極樂原境與神仙歸位 ········· 54
第二節 圓形地球與節氣之源 ········· 55
第三節 天乾地支與宇宙秩序 ········· 57

第十篇 天地孕靈 ·············· 59
第一節 地球的生命密碼 ··········· 60
第二節 冰雹孕仙與神通初啟 ········· 61
第三節 三通具足，聽令於上 ········· 62

第十一篇 神工天孕：
女媧與觀音的造人使命 ··········· 65
第一節 月落崑崙與石中仙子 ········· 66
第二節 風火少年與龍宮之劫 ········· 67

第十二篇 純人初紀：
從聖命到華蓋文化的落地……………… 71
第一節 純人初命 ……………………………… 72
第二節 基因設定 ……………………………… 73
第三節 十電之律 ……………………………… 74
第四節 蒙昧啟始 ……………………………… 75
第五節 從慾望到輪回 ………………………… 76
第六節 華蓋文化的傳承與啟蒙 ……………… 77

第十三篇 九州之定：
伊甸開篇與文化流脈……………………… 79
第一節 九州初定與原始治理 ………………… 80
第二節 中州起源與文化中心的形成 ………… 81
第三節 九州文化的多元分布 ………………… 82

第十四篇 最後的伊甸園 ……………………… 85
第一節 神仙布陣 ……………………………… 86
第二節 召神歸天 ……………………………… 87
第三節 伊甸留世 ……………………………… 88

第十五篇 從治水到封神 ……… 91
第一節 治水承傳：從舜至禹的轉變 ……… 92
第二節 大禹治水與華蓋文化的延續 ……… 93
第三節 華夏初盛與封神轉折 ……… 95

第十六篇 華蓋復興：
從東周文明到伊甸體系的建構 ……… 99
第一節 初盛東周：
文化復興與傳幫帶時代 ……… 100
第二節 字的誕生：
造字造句與天道融合 ……… 102
第三節 天網歸一：
華蓋文化與伊甸體系 ……… 104

第十七篇 文化的原點與演化：
從天道根源到中西融合 ……… 107
第一節 天道地道與文化初分 ……… 108
第二節 文化源流與中西演化 ……… 110

第十八篇 華蓋與天道：
九州文明與人類精神紀元……………115
第一節 九州體系概述 …………… 117
第二節 天地文化綱要：華蓋與創世起源 …… 119
第三節 巫字承道：從華蓋文化到母愛文明 … 120
第四節 三紀元與九宮格：
天道文化的層次進化…………… 122
第五節 生死限與電荷生命結構 …… 125
第六節 第二把天門之鑰 …… 127

第十九篇 乾坤圖啟………………131
第一節 天圖法則與宇宙圖騰 …… 133
第二節 上帝三寶與神人共治 …… 135
第三節 精神文明的升華與未來藍圖 ………… 138

第二十篇 乾坤密碼與人類文明的初啟……………141
第一節 華蓋文化與四象密碼 …… 142
第二節 九州文明與數字文化的源起 ………… 143

第二十一篇 歸墟啟示：
科技文明與蓬萊之約 ……………………… 149
第一節 秦始皇歸墟探源與水晶宮修煉 ……… 151
第二節 歸墟水晶宮：科技文明的神秘傳承 … 153
第三節 蓬萊之約：歸墟、大澤與第二次封神 155

第二十二篇 第二次文化復興：
從甲辰啟始邁向高維精神文明 ………………157
第一節 第二次文化復興與高維文明的開啟 … 158
第二節 解讀四象密碼 ……………………… 160
第三節 甲辰與六甲文化週期解析 …………… 162
第四節 第二次文化復興與甲辰六甲文化解析 165
第五節 三陽開泰，甲辰啟始 ……………… 167
第六節 精神文明的航標與新紀元的鑰匙 …… 168
第七節 三維人類文明的開端：
從神仙歸天到九州自治…………………………169
第八節 六維文明與華蓋象形文字的演化 …… 171
第九節 第三鑰匙與六維文化 ……………… 17

**第二十三篇 純人類紀元：
從創世到伊甸園的文明回歸**················179
第一節 第一代純人類創生 ················· 180
第二節 兔爺的由來與人類基因的神聖植入 ··· 183
第三節 四象圖騰與天道理念 ··············· 185
第四節 伊甸園交接與南天門封閉 ··········· 187
第五節 大禹分封五州，構建九州格局 ······· 188
第六節 昆侖封神與神仙歸位 ··············· 189
第七節 姜子牙封神與物質文明的興起 ······· 190
第八節 精神文明的歸宿與伊甸園的重返 ····· 191

第二十四篇 返璞歸真，甲辰伊始············193
第一節 甲辰年與天道密碼142857 ········· 194
第二節 數字與文字的六甲解讀 ············· 195
第三節 142857的啟示與家國文化的演進 ··· 197

第二十五篇 甲辰年開啟的精神紀元············199
第一節 甲辰年：文化復興的混元啟始 ······· 200
第二節 四象互動與三地球文明 ············· 201
第三節 精神文明時代與142857的文化密碼 ·· 202
第四節 四象運轉與精神文明的新時代 ······· 205

第二十六篇 萬法歸一 ……………………209
第一節 西游、水滸與紅樓夢中的精神隱喻 … 210
第二節 精神文明：從物質走向高維認知 …… 212
第三節 母愛與生命的四象通關過程 ………… 213

第二十七篇 總結篇 ……………………………217

後記 ……………………………………… 222

引 子

三陽開泰，九州華蓋，
上帝指引，倪氏定理。

谶 语

數始於一，終於十，成於三

篇首語

打開天門的第一把鑰匙是創世紀

詩曰：

天頂台上響驚雷，
九重天體盡朝輝，
上帝指導創世紀，
四象藍圖將重回，
甲辰啟始新紀元，
人神共築和諧篇，
華蓋文化擎天柱，
刺破青天鄂未殘。

天籟之音：天欲墜，賴以柱其間，
地道之愛是索取，
人道之愛是交換，
天道之愛是奉獻，
文化之愛是華蓋。

第壹篇

天道初啟

第一節
十八長字與三陽開泰的奧秘

上帝送別了伏羲與女媧後,在南天門傳授眾神一個字——「長」字。共有十八個「長」字,這便是「十八長字」,由十八羅漢守護的南天門所承載。在尚未完成創世紀的眾神,是無法返回天堂的。

「十八長」之中,橫批四個「長」字,象徵四象與乾坤社稷圖;右邊七個「長」字,象徵地球七大洲;左邊七個「長」字,象徵人類與動物的七竅。這是上帝賜予眾神的「三陽開泰」之天道母愛:天道母愛帶來對宇宙的「知知」,地道母愛帶來對物質文明的「見知」,人道母愛帶來對精神文明的「悟知」。完成了文字文化的「素樸之知」之後,還需邁向數字文化的「悟知」。

上帝將數字142857安置在埃及金字塔的地宮中。西方文化在此基礎上加入369,使之由六位數擴展為九位數,這正是「九子離火運」的起源。而印第安人在

此九位數的基礎上又添加了一個「0」，從而使這個數字體系成為完整的天道法則。

　　伏羲下界後，創造了「天乾」十位數字，並在華夏中州加以發展。隨後，以天乾法則創造了「十二地支」。依托天乾地支的計算法則，又構建出「九州方位圖」。結合九州方位、十天乾、十二地支與北斗七星的旋轉法則，伏羲又繪製出「先天卦」，即「九宮八卦太極圖」。

　　「華蓋」體系中的十進制數字為：一、二、三……直至二十，層層推進、類比相通。西方的阿拉伯數字，實則是大禹分封後傳入西方的數字文明，是「華蓋」數字文明的第二代形式。

第二節
華蓋文化的宇宙構型

　　華蓋文化的結構與含義，是由岩畫、甲骨文、象形字、河圖、洛書、天乾地支、九州分布圖、九宮八卦，以及乾坤社稷圖中的四象理念所構成。四象圖為「卐」，無極生太極，太極生兩儀，兩儀生四象。

第三節
天地初創與第一把鑰匙

　　伏羲與女媧不僅完成了地球上萬物種文明的創造，也完成了造仙、造人類與造動物的使命，建立了萬物原始初態的伊甸園。此後，上帝在南天門——位於大洋洲上方——召回眾神，並自此關閉南天門，收回了開啟天門的第一把鑰匙。

第貳篇

文明初啟

第一節
九州文明的起源與分封

　　華夏文化與西方文化，皆為天道華蓋文化的分支，統稱為「九州文化」。所謂九州文化，包含「五洲四海」之文明體系：五洲代表陸地文化，四海象徵海洋文化；其中，五洲分布於東、南、西、北、中五個方向，四海則對應地球四大洋區域。

　　九州的由來，源於大禹治理地球陸地水患的偉大實踐。他採用疏導而非堵截的方式，完成了上帝交予的使命。治水功成之後，大禹回到中州，在終南山腳下、秦嶺一側建立都城——朝歌，並以「八水繞長安，八百裏秦川」之地勢，確定九州地支辰位，開啟了華夏文明的歷史篇章。

　　隨著地球治理告一段落，伊甸園得以完成，大禹遂對五洲進行分封，確立了全球文明的基礎格局。

第二節
華蓋文化的繼承與演化

　　以大禹王朝——夏朝的建立為起點，開啟了華夏傳統文化的歷史。大禹所稱的「華蓋文化」，是一種承載與延續的文明形態，源自上帝所傳授的原汁原味的天道文化。

　　夏朝繼承並發展了華蓋文化，這一階段的文明被稱為「華夏傳統文化」。當時的「仙文化」以夏朝為核心，是主流文化的匯聚中心，發展的核心理念即為「天道」。華夏傳統文化強調中庸之道，而其他四方區域則被視為邊遠文化地帶，其文化屬於華蓋傳承中的「天道古文化」，以象形字和河圖體系為思想基礎。

　　彼時的九州文化，被統稱為「蒙昧時期」或「母系社會」，即「天道母愛社會」，亦可稱為「伊甸園文化」。在這種文化背景下，「仙」統治九州，而純粹的人類則被上帝安排分別居住於洞穴、樹巢之中。整個社會體系遵循天乾地支的分配法則進行組織與管理。

第參篇

文明裂變與秩序重構

第一節
從三虛到大墟

　　大宇宙有「三虛」：天體為太虛，地體為殷墟，海體為歸墟。其中，殷墟所指即九州方圓，後世稱之為「世界版圖」，統稱為三墟界。

　　在此階段，夏王朝的統治者開始沉湎享樂，怠政不理民間疾苦，致使人類生活困頓艱難。各家族不得不各自謀生，以家族為單位展開自給自足的生產與交換，逐漸形成「以物易物、取長補短」的生活方式。世界由此進入區域性貿易的萌芽階段。

　　由於夏朝腐敗衰敗，各家族重新以姓氏劃分族群，按勢力強弱自立為王、分地為侯。夏王朝雖尚存名號，實則早已失去統治實權。諸侯割據、族群紛立的局面下，世人開始將世界稱作「大墟」，並以姓氏為基礎統稱各族平民為「老百姓」。

第二節
殷商崛起與通商時代

　　殷姓商人在華夏地區的發展最為顯著，成就最大、影響最廣，引發了全民範圍的通商活動。由於這一時期通商興盛，後人遂將「大墟」稱為「殷墟」。

　　在夏朝末期，殷商逐漸興起。純人類開始與仙人接觸，世界由此進入全面通商的時代。人類的居住方式也發生轉變——從原始的巢居、洞居、穴居，發展為群體聚居，並在邊遠地區建立起村落與寨居。這一時期標誌著人類社會的重大躍遷與發展。

　　隨著大夏的衰落，商朝正式建立，定都於朝歌，成為新的政治與文化中心。

第三節
文化分化與商周更替

　　各州開始圍繞數字、文字與圖像,逐步創造出各自獨特的區域文化與語言體系。然而到了商紂時期,文化逐漸衰落,慾望凌駕於道德與禮法之上,最終導致權力迅速轉移,天下歸於周朝。

第肆篇

禮樂之治

第一節
禮樂治國與封神之巔

　　周朝的興起，以禮樂治國為核心治道——以「禮」為法，以「樂」為數，構建了兼具秩序與和諧的政治文化體系。其中，最為後世傳頌的是其「畫地為牢」的治理理念，強調自懲自戒、自律自知，以道德自省約束權力運行。

　　在此時期，數術法則發展出後天八卦體系，以八卦為基礎推演出八八六十四卦，並與九宮八卦、太極術相輔相成，形成系統的宇宙觀與人文哲學。這一階段也是仙文化最為鼎盛的時期。

　　正是在這一文化高峰時期，上帝命姜子牙在崗仁波齊的昆侖山主持封神大典，奠定了神權、人道與王朝秩序之間的三元格局。

第二節
神歸昆侖與文化再興

　　姜子牙集結了五洲四海的各路神仙。當時的神仙體系包括：東方神仙、西方神仙、中州神仙、瑪雅神仙和印第安神仙。

　　東方神仙主要為大禹至西周時期的各路神只；西方神仙則源於歐、非、中東地區的四大帝國，他們以「卐」字四象為旗號，承續了華蓋文化中「四象文化」的精髓。其中，以羅馬帝國時期最為昌盛，是以華蓋文化為基礎所建構的典範性文明。

　　印第安神仙屬於印太與北美大陸的神靈體系；瑪雅神仙則為中南美洲的神只族群。他們也都傳承了以「乾坤社稷圖」為核心的神性文化體系。

　　在神仙歸位之時，眾神登頂昆侖山，回歸天堂。姜子牙則在崗仁波齊創辦學府，召集天下先知，講授和交流各類數術。學員學成歸鄉，推動九州文化再次振興，並逐步發展為後來的東西方文化體系。

第伍篇

文明的內轉與飛升

第一節
仙隱與人類的自覺之路

　　仙人歸位後，術數之仙人隱退於山林村野，從此不再與人類直接往來。這一時期，純人類才真正意義上開始走上追尋仙跡、自主創造生活的起點。

　　仙人們將先進的文化成果與各種珍貴物品埋藏於幽深的暗山之中，作為對人類的饋贈與考驗。其中最具代表性的例子，便是秦始皇。在他修建陵墓時，也將「百花齊放、百家爭鳴」的各類典籍、先進科技成果，以及涵蓋工、農、商、學、兵等各領域的理論與奇跡一並封藏於陵中。

　　上帝之所以命令神仙將這一切埋藏於山底深處，其本意，是讓人類在歷史的長河中逐步開啟智慧的大門，自主創業，走出屬於自己的文明之路。

第二節
巫字演變與家國文化

　　在各區域進入自主創業階段後，原本以「巫」字為象徵的天道母愛文化——即母係社會的精神體系，逐漸轉化為以儒、法、墨、道為核心的「家春秋」文化體系。這一轉變，也象徵了人類文明從神權導向向制度思想過渡的過程。

　　「巫」字的演化頗具象徵意義：原本上方的一橫，代表天道，被移至下方，成為「坐」字的一部分。這一變形表達了純人類的先知們意識到仙人已通過法術升天，前往由上帝賜予神仙的另一片地球——人類所稱的「極樂世界」。

　　「巫」字的結構內涵深遠：上橫為天道，下橫為地道，中間的豎為華蓋文化（即圖騰式的「卝」四象文化），左右各一人，代表陰陽二元：左為陰，對應西方文化；右為陽，對應東方文化。這一結構本身也是陰陽二進制文化的象徵，體現出文化從母係向父係的轉化趨勢——東方演化為「家

春秋」文化，西方則發展為「教宗文化」。

　　隨著這種文化轉型愈加深入，最終由普遍的大眾文化進一步凝聚為具有政治倫理屬性的國家文化，也就是人們所稱的「家國情懷」。

第三節
四象圖騰與東西方分化

　　東西方文化的發展，皆以陰陽太極的二進制體系為基礎，呈現交替上升之勢。盡管路徑不同，但二者都以華蓋文化為理論根基，並借助圖騰符號進行理解與演繹。

　　總圖騰為「卐」，即四象圖，其哲理為：「無極生太極，太極生兩儀，兩儀生四象」。「無」為中心點，太極如兩眼旋轉；「兩儀」為十字交叉，再生四象「卐」，四端延伸，象徵萬物分化。

　　東方文化繼承了以「無極」為起點的中庸之道，即華夏傳統文化；而西方文化則沿「兩儀」的直線結構發展，形成注重對立與推進的直接文化體系。

第四節
四象秩序與三源地球

「坐」字文化的終極目標，是以家國情懷為核心，推動文化興起，並促成東西方國家的形成。以秦始皇統一中國為例，他推行統一文字、律法、區域、政權、度量衡，實行井田制，實現書同文、車同軌，正體現了「四象文化」的基本原則，影響深遠，延續至今。

四象文化的核心圖騰為「卐」，演化邏輯為：無極生太極，太極生兩儀，兩儀生四象。無極是中心，太極為陰陽旋轉，形成冷熱黑白之變；兩儀構成「十」字，再生四象「卐」，最終形成九宮八卦太極圖與乾坤社稷圖，成為文明構建的基礎模式。

當世界實現天路、地路、海路、人體網絡的全面貫通，人類將在「文化復興年」，由全球精英與「神通者」乘航天器前往上帝為人類先鋒預設的第三個地球。

第二個地球早在「神歸位、仙升天」

之時已建成，為神仙所居；三顆地球分別承載神、仙、人三類生命，這一體系被稱為「三源地球」。

第五節
四象運化與萬物基因

　　四象的運作機制主要發生在地球五千米以上的高空，由太虛、太和、太極、太陰四種能量狀態的相互作用，造就了萬物種的起源。太虛代表大宇宙，是空間的本源；太和象徵太陽，為「光聖」；太極對應地球，為「量聖」；太陰指月亮，為「質聖」。

　　在四象的互動中，「量」指的是氣，「質」是指精。當太陽（太和）的光照作用於地球氣場時，蒸騰之氣上升形成雲層。此時，月精——由觀音身邊的兔爺化身而成——被觀音撒入高空的氣層雲中。

　　在陰陽結合與太陽光合作用的共同作用下，雲層中的菌類物質催生出萬物種的基因雛形。隨後，這些基因通過雷雨的形式返回地球，以水的方式或氣的方式進入萬物之體，啟動基因鏈條。通過陰陽交合，也即異性結合，生命得以孕育，萬物由此而生。

第六節
坐胎之謎與後室文化

　　人類被視為玉兔的魂魄所化，而男女結合、十月懷胎，正是生命延續的基本過程。所謂「十月」，意指每個月有一顆星魂與魄植入胎中，十個月共植十個，這便是人體十個電荷起源的象徵表達。

　　「胎」是月精在母體中孕育形成的開始，稱為「坐胎」；而「分娩」即為母子分離。觀音稱新生嬰兒為「兔兒」，人類俗稱其為「兔爺」，這便是「十月懷胎，一朝分娩」這一成語的象徵來源。

　　這一表述既是一句箴語，也屬於「後室文化」的範疇。所謂「後室」，即指母體之內的孕育空間，是「娘的子宮」；而「後宮」在古文化中亦有「坐胎之所」的象徵意義。坐胎成「兔爺」，正是這種文化象徵的延續。

　　如今，隨著甲辰之年的到來，文化進入復興之時，人類正從物質文明邁向精神文明。早在「六甲之年」，人類便已確立

了「十月懷胎，一朝分娩」的理論基礎，並以玉兔、兔爺返回另一個地球為象徵，追求返璞歸真、正本清源。

　　這正是天道文化的核心精神：強調天道和諧、天道母愛、天人合一。人類將借助現代航天科技，重返太空，抵達上帝為人類準備的第二個地球，由此升騰進入「仙紀」時代。這個新時代，是以雙人（男女）為本的紀元，是陰陽文化與東西方文化融合的五維人類世紀。

　　伊甸園的神創紀元，以「巫」字結構為文化象徵：上橫為「天道」，下橫為「地道」，中豎為「華蓋文化」，左右兩人象徵「人類的雙重性」。

　　「巫文化」是第一期天道文化；而「坐文化」是第二期文明階段——即上帝將開啟天門的鑰匙交予人類，象徵人類文明的自主覺醒。巫字的上橫，被先知拿下，落於下方，形成了「坐」的文化象徵。

　　隨著科技與文化的雙重躍升，人類進入雙軌制發展階段。當文化與科技同步發展至成熟，人類將在「六甲之年」內，一批一批乘航天器前往第二個地球，邁向一

個真正屬於精神文明與神性覺知相融合的新時代。

第陸篇

返璞歸真

第一節
開源：從物質到精神的躍遷

　　當人類從物質文明邁向精神文明，從認知走向更高層次的「知知」；當人類從低維度躍升至高維度，終將意識到：一切終需返璞歸真，正本清源。因此，人類的發展，必須迎來一次新的文化復興。

第二節
覺醒：甲辰之年的神啟時刻

　　啟始於甲辰年，當全世界的人類仍在朦朧中沉思、無法自拔之時，當人類尚在制定下一個宏偉藍圖、構想未來之際，正當人類剛剛開始意識到自己皆為上帝子民的那一刻——上帝已悄然派遣了108路天兵天將，與地球上的先知完成了對接。

第三節
升華：三元開源與人類新紀元

　　以文化開源的三元體系為核心的「三陽開泰」，正於地球村徐徐拉開帷幕。
　　憶往昔，崢嶸歲月，皆為今日覺醒與重啟之基石。

第柒篇

天道啟示錄

第一節
華蓋之鑰與四象之道

　　第一回圖解，卐四象圖，乾坤社稷圖，

　　1、當上帝巡視大宇宙時，祂頭頂上方三尺處，有一塊錦緞常隨左右，形影不離。上帝將其稱為「華蓋」，並將其作為交給伏羲的第一把開啟天門的鑰匙。

　　2、華蓋，是上帝夫人所親手刺繡的乾坤社稷圖與四象圖，由後天娘娘親制並賜予，是天道母愛的重要象徵。

　　3、四象的基本演化原則為：無極生太極，太極生兩儀，兩儀生四象「卐」，四象再生八卦。

　　4、四象圖即為乾坤社稷圖的核心結構。

　　5、四象還代表上帝創造「太合係」時，所設定的四種宇宙體制：太虛、太和、太極、太陰。

　　這是大宇宙中關於太和磁懸浮、暗物質、暗能量、萬有引力等現象的真空定位法則之體現。

6、四象的相互作用，能夠永保天體的平衡與穩固，並維繫地球上萬物種的健康生長與延續。

第二節
華蓋與三聖之脈

　　華蓋是地球村與全人類共同的精神象徵，代表著「舉頭三尺有神靈」的天道文化，亦即四象文化的核心體現。

　　華蓋是全人類共同的文明傳承，象徵著人類作為上帝子民、三聖傳人的神聖身份與文化使命。

第三節
上帝的守望

　　1、當三皇五帝自南天門——即大洋洲上方——下界時，上帝賜予眾神三件神通之器：千裏眼、順風耳與騰雲足。

　　2、上帝分別賜予三皇每人四件寶物。其中，伏羲所得為：

　　一為量天尺，二為時空段，三為操控波，四為宇宙觀。

　　3、賜予神農氏的四件寶物為：

　　一為品嚐術，二為辟邪丹，三為萬物種，四為網絡線。

　　4、賜予隧人氏的四件寶物為：

　　一為能源鑽，二為造物產，三為陰陽規，四為生死限。

　　5、此外，上帝特別交付伏羲兩大核心法寶：

　　一為華蓋——其上繡有乾坤社稷圖，下繡四象圖；

　　二為南天門的十八長，其中「一念長」與「二念長」尤為關鍵。

6、上帝囑托伏羲，若要創造華蓋文化，必須先創造華蓋文字，以「十八長」為起始範式。

7、「十八長」圖形中，橫批象徵四象；左邊七「長」對應地球七大洲，右邊七「長」象徵人類七竅。

8、伊甸園是「天圓地方」的理想構型，亦稱「十面八方」。當全人類達至伊甸園標准時，神仙可由南天門返天，隨後南天門將被關閉。

上帝以此設定天道法則：建制度、立行規、定取舍、設輪回、明分化、統政令。凡在下界執行者，皆履行著「創世紀」的使命，以達成上帝所規劃的宇宙目標。

有詩為證：
天道和諧源脈通，
群星自控九州同，
生成原本陰陽法，
母愛理念度眾生

圍追堵截生結症，
疏通引導萬事通，

精神意念文畫譜，
萬法歸一四像成
乾坤領航源宇宙，
九宮八卦天生成
道法自然皆於此，
天下太平是大同。

第捌篇

回顧神啟奠基

第一節
神兵下界與南天門的起點

上帝命令天兵自南天門降臨凡間，其通道位於大洋洲上空，伊甸園的建造也由此開始。當地球家園建成後，仙人們將按原路返回天堂，完成使命輪回。

仙人完成地球家園建設、得道成仙成神之後，會從昆侖山回歸天界。此後，「南下」變為「北返」，方位由南轉北。天門之上的領域屬於神族，是「以天為家」的上九州；而由仙人所領導的純人類則生活在下九州，即地球村的人間界。

下九州的最高處為昆侖山以北的「離天三尺山」，此山被譽為接近天界之頂。毛澤東曾以詩句描寫此境：「山，快馬加鞭未下鞍，驚回首離天三尺山，山搗海翻江卷巨浪，奔騰急，萬馬戰猶酣，山，刺破青天鍔未殘，天欲墜，賴以柱其間。」詩中「柱」所象徵的，正是支撐人類精神文明的核心力量——華蓋文化與天道文明，即為「華蓋天道，四象法則」的體現。

第二節
三皇五帝與華蓋文化的創世紀

　　三皇五帝之所以能完成創世紀的偉業，正是依托「四象法則」的宇宙原理。他們在這一法則的引導下，創立了華蓋文化。

　　在世界各地的山巖和石壁上，三皇五帝留下了大量文化痕跡，這些文化遺存構成了華蓋文化的重要組成，包括岩畫、甲骨文、河圖、洛書、天文圖案、象形文字、象形畫與象形圖等。這些圖文不僅是對自然規律的觀察與記錄，更是華蓋文化的視覺傳播與宇宙認知的載體。

第三節
大禹治水與中原文明的奠基

　　大禹治水成功之後，在中都朝歌（今終南山一帶）建立了夏王朝。該區域地勢優越，受秦嶺環抱，素有「龍脈」之稱。後改名為「長安」，有「八水繞長安，八百裏秦川」之美譽，成為中國歷史上十三個王朝的都城所在地。

　　在大禹治理之下，中州地區被稱為「華夏」，是中國古代文化的根源地。而這片區域正是華蓋文化的集中縮影，承載著中華文明的核心脈絡與精神延續，成為華夏文化的重要發祥地。

第玖篇

初繪天地

第一節
極樂原境與神仙歸位

　　三皇來到大洋洲，對其全貌進行了周遊考察。此地為千島之州，地大物博，蘊藏豐富的能源、礦產，栖息多樣的獸類，生長瓜果、五穀雜糧，呈現出千姿百態的自然生態。大洋洲堪稱一個尚未被人為改造的極樂世界。

　　後來，當伏羲等神族歸返天界時，也一同帶走了眾仙人歸位。自此，留存在大洋洲的，便只剩下一個完整的伊甸園。

　　由於缺乏仙人引導與干預，這裏的人類保持著最原始的純樸與寧靜，保留了伊甸園的天然狀態。

第二節
圓形地球與節氣之源

　　三皇五帝著眼全局，巡視了整個地球疆界，最終確立了五洲四海和南北兩極為地球陸地的基本組成部分。

　　他們使用量天尺、時空段、操控波與宇宙觀等神器，對地球進行測量，確認其為圓形結構，並建立了六大地標。據測算，地球的圓周為八萬裏，因此將八萬裏疆土劃定為「十面八方的圓形地球」。

　　隨後，他們運用量天尺與時空段，在北極首先制定了一個週期為五季三百六十天的曆法體系。但由於北極氣候嚴寒，不利於萬物生長與文明發展，於是轉向中原地區進行調整。

　　以長白山、首山、燕山、秦嶺為基礎，三皇五帝觀測北鬥七星的運行規律，最終以燕山山脈的氣候條件與首山的地理特徵為依據，確立了更加適宜人類發展的曆法體系——一年四季、十二個月、二十四節氣。

在這一帶，他們還進行了萬物種的試驗性播種與分封實驗，為文明在地球的廣泛傳播奠定了基礎。

第三節
天乾地支與宇宙秩序

　　三皇五帝以岩畫、圖形、實物與特產為基礎，創造出象形文字，並發展出天乾地支體系。

　　他們以天乾為十進制，陰陽為二進制，通過地支推算出一年四季與十二節氣。

　　結合術數原理，三皇五帝繪製出九宮八卦太極圖，並由此構建出乾坤社稷圖，標示出太陽系結構：太陽、地球、月亮、木星、火星、土星、金星、水星與「海天」。

　　圖中還標定了360顆主星及億萬繁星，形成四象群星圖，即為上九州圖——神族用於描繪宇宙秩序的空間模型。

第拾篇

天地孕靈

第一節
地球的生命密碼

1、地球表面上方五千米為氣場層，是最適宜人類與萬物生長的自然環境。

2、五千米以上為氣層，這一層中，地球表面的微塵與菌類在陽光照射下，與地球釋放出的熱能共同作用，形成上升氣流，進入氣層，參與由四象互動機制所進行的自然篩選與轉化。

在陽光的調和下，地球與月亮之間產生共振互動。月亮拋出「精種」，與地球所產生的氣場能量、陽光的冷熱組合相結合，生成了「陰陽菌」。這些菌類在經過電閃雷鳴、春風化雨等自然過程後，隨水和空氣回到地球表面。

這時，陰陽菌進入水體與空氣，並最終進入萬物體內，形成了基因。

（1）這就是「龍王爺用電閃編織的芯」，象徵著基因信息的起源，也體現了「人類是龍的傳人」這一文化觀念。

（2）這便是「地球生萬物」的自然過程與天道法則的體現。

第二節
冰雹孕仙與神通初啟

　　上帝命令三聖女造人。三聖女在地球氣層中精心挑選出優質的陰陽菌，作為造人的基礎元素。

　　她們選擇在地球上有水之地——如江河兩岸、湖泊周邊、水源環繞之處——進行造人實驗。首先，由龍王爺降下一場冰雹，在水邊形成包衣結構，作為天然孵化器。

　　三聖女將挑選出的陰陽菌，借助時空段與網絡線的作用，注入冰雹形成的包衣中。經過三年日光、月光與氣場的調和孕化，這些包衣如雨後春筍般遍地開花，最終孕育出仙人。

　　女媧娘娘將基因賦予每一位新生仙人，除賦予精、氣、神三元本質外，還賜予了他們千裏眼、順風耳與騰雲足，使其具備感知世界、溝通天地的神通能力。

第三節
三通具足，聽令於上

　　由於仙人具備精、氣、神三元本質，並擁有千裏眼、順風耳、騰雲足等神通，他們只聽從三皇五帝的指揮，不受他人左右。

　　仙人皆具備餐風吸露之能，不食人間煙火，超脫於凡俗之外。

第拾壹篇

神工天孕：
女媧與觀音的造人使命

第一節
月落崑崙與石中仙子

上帝命令女媧與觀音共同造出純種人類。兩位聖女深思許久，百思不得其解，便在八千米高空的氣層中巡視，意圖尋找真正的生命起點。

女媧娘娘在疲憊之中返回崑崙山，於岡仁波齊峰小憩片刻。不料不慎月經流落於山石之上。在經歷多年日光、月光與地氣的調和孕化後，石頭中竟孕育出一隻石猴。此猴能跑能跳，雙目炯炯有神，一躍直衝鬥府星宮。

上帝於是派太上老君前來查看，發現這正是女媧娘娘的後裔。觀察其發展，卻發現他雖聰明靈巧，卻頑劣不馴，私自學法修煉，到處惹是生非，不服從天界的管轄，最終被如來佛祖鎮壓於五指山下。

後來，觀音菩薩出面調和與教化，對其加以修煉磨礪。經過「九九八十一難」的試煉，這位石猴終於修成正果，位列仙班，成為真正意義上的仙人。

第二節
風火少年與龍宮之劫

　　觀音造人，將選取的陰陽菌與人類基因融入藥液，令李靖之妻服下，三年之後誕下一子——卻看似一個皮球。李靖怒不可遏，揮刀劈開，竟從中躍出一子，即為哪吒。

　　在哪吒的基因中，觀音早已注入了精、氣、神三元本質，並賜予千裏眼、順風耳等感知之力，同時賦予他混天綾、金剛圈與風火輪等法寶。

　　哪吒初生便顯神力，曾用金剛圈擊落李靖手中長劍，被其母及時拉開勸阻。後來，哪吒前往涇河游泳，不慎以混天綾攪動龍宮水勢，引得涇河三太子現身責問。

　　雙方爭鬥之下，哪吒用金剛圈打死三太子，抽龍筋、剝龍皮，並將其獻給父親作為「禮物」。李靖震怒，兩眼冒金星，決定將哪吒捆送龍宮，以向龍王爺賠罪。

　　哪吒不服管教，毅然決然道出「割肉還母，剔骨還父」之語，自毀肉身，並囑

母於山中為他建廟，以泥塑彩身安魂寄神。其靈魂則奔至觀音菩薩座下報到。

　　在觀音的教化與調和之下，哪吒得以重生，重歸父母身邊。最終，在觀音從中調解之下，龍王亦不得不罷休，不再追責。

第拾貳篇

純人初紀：
從聖命到華蓋文化的落地

第一節　純人初命

　　上帝召集三聖母，對她們說：「你們所造的是仙人，但我現在要你們造出比仙人更進一步的存在──純人類。」
　　為此，上帝將原本由伏羲掌管的「生死限」之權，正式交付於女媧，作為造人使命的重要法器與象徵。

第二節　基因設定

　　女媧、觀音與三宵娘娘經過反復商討，最終決定：將純種人類的基因結構設定為由 3 個主電荷與 7 個負電荷構成。

　　原本，這 7 個負電荷代表的是人類的「七情七欲」。但在上帝將「生死限」交由女媧掌管之後，「生死」這一維度被納入情欲體系之中，自此，「七情七欲」轉化為更為有限的人性表達——「七情六欲」。

　　然而，這一變更帶來根本性的限制：「生死」成了所有人都難以跨越的一道關卡，從此成為人類命運中不可逃避的終極試煉。

第三節 十電之律

　　三聖女將婚配之法傳授給仙人,並依據十大主體星球的十個電荷原理,確立了「十月懷胎,一朝分娩」的人類生育機制。
　　在基因構成上,男孩的十個電荷由三元本質精、氣、神構成其核心,同時融合了人格與倫理維度的七種能量:忠、孝、仁、義、禮、智、信。
　　而女孩的十個電荷,同樣以內在三元精、氣、神為根基,輔以七種情緒性電荷:喜、怒、哀、樂、驚、恐、憂。
　　這一體系標誌著人類婚配與繁衍之道的系統化建立,也為後世的生命秩序與情感結構奠定了根基。

第四節　蒙昧啟始

　　由於純人類不具備千裏眼、順風耳與騰雲足等仙人之能，仙人便在他們誕生後，將其按照規劃分布於五大洲各地。

　　他們共分為三百六十對，以黃種人、白種人、黑種人為主要人種，根據氣候條件與地理環境劃分為三十六個區域，每個區域安排一位仙人撫養十對人類幼體。這些仙人僅撫育至人類十歲，便讓其自行成長、獨立探索。

　　彼時的人類尚處於蒙昧時期，雖未具備複雜文明，卻自然擁有餐風飲露的生存能力，能適應原始自然環境。

　　各處人群均為群居、洞居或穴居，人類自誕生起便攜帶三種原始本能：攝食的本能、繁衍的本能與慾望的本能。這一階段標誌著人類初始社會形態的形成，也是從神性引導向人類自主生存過渡的關鍵階段。

第五節　從慾望到輪回

　　上帝命令隧人氏在各地普及「天火」，將其點燃於人類居住區域附近。大火蔓延，燒死了大量動物與飛禽，炙熱之中散發出獨特香味。純人類受到氣味的吸引，首次被激發出「慾望」的本能，從而開始嘗試進食熟肉。

　　自此，人類的「食欲」被喚醒，也隨之開啟了「生死限」。隨著食物的攝入與能量的積蓄，人類開始有能力繁衍，進入「生生不息」的階段。但與此同時，死亡也隨之降臨。自此，人類生命步入了「有生有死」的自然律程，開啟了「九轉輪回」的命運模式，生命開始世代相傳，輪回不息。

第六節　華蓋文化的傳承與啟蒙

伏羲、神農、隧人氏以及三皇五帝，將他們創造的文化成果刻錄在石岩上，形成岩畫、壁畫。他們以象形字、甲骨文、河圖、洛書、天乾地支、九宮八卦等內容，結合物器如瓦器、石器、陶器、青銅器等，傳遞天文、地理與四象智慧。

這一體系稱為「華蓋文化」，以文字、圖像、數理為核心，通過天乾地支、九宮排列和卐形四象圖的互動原理，啟發人類認知宇宙法則，代代相傳，多以說書講古的形式流傳。

神農將草藥、種植、養殖、治療等方法，通過圖文與器物教化人類。隧人氏則以相同方式傳授能源、礦產、山川河流的知識，為後世留下完整的自然與文明指南。

第拾參篇

九州之定：伊甸開篇與文化流脈

第一節
九州初定與原始治理

　　伏羲歸返中州，與三皇五帝商議後，將九州劃定為人類的伊甸園。彼時人類尚處蒙昧階段，自主發展，逐漸形成族群。
　　各地開始推選族長、酋長、家長等長老，建立以巫為首的原始治理體系。人們在巫的引導下，邊學邊做，逐步邁入文明起步階段。

第二節
中州起源與文化中心的形成

　　中州之所以較為發達，是因為這裏是伏羲、神農與隧人氏共同定居的核心區域，也是三皇五帝創造與傳播文化的集中地。隨著文化在此廣泛傳播、持續積累，中州逐漸人口聚集、資源豐富，最終發展成為一個物產繁盛、文化多元的理想之地——被後人譽為「香格里拉世界」。

第三節
九州文化的多元分布

　　中州因由伏羲、神農及隧人氏共同定居，並為三皇五帝傳播文化的中心，享有高度的發展優勢。相比之下，中州以外的區域未能享有同等的文化傳承待遇。分封至四周各地的，多由較低層次的教官級仙人管理，因此華蓋文化在這些地區傳播較為有限。

　　盡管如此，部分區域仍有高層次的神仙駐守，他們傳授的則是不同於中州華蓋文化體系的文明形態，如西方文化、瑪雅文化、印第安文化、伊斯蘭文化與東正教文化等。這些文化各具特色，構成九州文明格局中的多元支脈。

第
拾肆
篇

最後的伊甸園

第一節　神仙布陣

　　三皇五帝完成了對各地伊甸園的建設後，依照天命在各區域安排了神仙駐守，以擔任引導人類的責任。各地神仙各司其職，承擔「傳、幫、帶」的使命──傳授知識，幫助成長，帶動文明發展，從而推動當地人類社會逐步邁向啟蒙與開化。

第二節　召神歸天

　　三皇五帝完成九州伊甸園的建設與各地神仙的分派後，運用「操控波」這一神力信息手段，向五洲四海的各路神仙發出訊令，召集他們自大洋洲上空的南天門有序歸返天堂。

第三節　伊甸留世

　　眾神歸位之時，紛紛聚集於大洋洲。大洋洲的神仙也表示希望與眾神一同升天。然而，伏羲在深思熟慮後，最終決定將大洋洲保留下來，交由純人類自行管理。他意識到，雖然缺乏神仙的直接引導可能導致社會發展短暫停滯，但這正是人類獨立成長與自我探索的必經之路。

　　因此，大洋洲被命名為「人間最後的伊甸園」，象徵著神性退場後人類文明的起點與試煉之地。

　　隨著眾神升入天界，南天門自此關閉。從那以後，仙人不再擁有通往天堂的天門通道，只能留在人間，肩負起「傳、幫、帶」的使命，以引導人類在塵世中持續進化與修行。

第拾伍篇

從治水到封神

第一節
治水承傳：從舜至禹的轉變

　　大禹在治水期間，對世界各大洲的溝渠、河流、山川、水域進行了系統整治，使江河水系逐步理順，水域布局趨於合理。

　　在此之前，舜治理水患時，雖留下了大量內海、潭澤與湖泊，但在遭遇暴雨時，江海氾濫，河水猛漲，水勢橫衝直撞。平地上的良田瞬間被淹沒，連高山都無法保留青山綠水的生態。舜採用的是「圍追堵截」的治水方式，雖見成效，但水患反而越治越多，水量「有增無減」。

　　面對這局勢，上帝命眾神歸位，舜也隨神隊一同返回天堂。臨行前，舜將治理天下水患的重任托付給了禹。大禹在繼承舜經驗的基礎上，認真總結成敗，開創出更為有效的治水方法。

第二節
大禹治水與華蓋文化的延續

　　大禹總結了舜治水失敗的經驗,改用「疏導」代替「堵截」的方式,實行引水入海之策,使江河歸流大海,百川暢通,洪水不再肆虐。正如人們所說,「條條江河歸大海,萬朵葵花向陽開」,百姓安居樂業,農田豐產,年年喜獲豐收,天下一片欣欣向榮。

　　功成名就之後,上帝命大禹建立王朝,正式分封人間伊甸園。他在全球範圍內建立了三百六十個伊甸園,自己則駐於中州的大片土地,實施中央集權統治。

　　上帝囑咐大禹,要守護好「華蓋文化」。大禹遂將這一文化體系傳授給各伊甸園的族長、酋長、家長與長老。他將華蓋文化的核心符號——卐形四象圖、乾坤社稷圖、象形文字、甲骨文、九宮八卦太極圖等,以岩畫、石刻等形式,留存在各地山巖與壁畫之上,也銘刻在人們的集體記憶中。

　　部分地區的長老在去世時,還將華蓋

文化的器物一並作為隨葬品埋於地下，隨著歲月流轉，一些文化遺跡因此失傳。但這些遺跡依然為後人保留了早期文明的痕跡，也成為探索古文明的重要線索。

第三節
華夏初盛與封神轉折

　　大禹建都於終南山秦嶺一帶，此地地大物博，物產豐饒，地理優越，人口密集，逐漸發展為文化中心、物流樞紐與商貿重鎮。其都城被稱作「朝歌」，史稱「大夏」，是早期國家形態的象徵。

　　大禹在建國之初，秉承上帝囑托，傳承並守護「華蓋文化」，同時推陳出新，將之本土化、制度化，逐步演化為具有民族特色的「華夏文化」。這一文化體系確立了從神授理念到人類社會實踐的過渡，並通過制度改革，調整伊甸園的分配體系，逐步邁入物質文明的起步階段。

　　彼時的社會結構仍處於奴隸社會，但文化層面已呈現出兩個重要發展階段：一為延續神性智慧的「華蓋文化」，一為初步政權意識與倫理法度的「華夏文化」。隨著中央集權的確立與分封制的施行，諸侯割據漸成趨勢，尤其是中原周邊區域，雖文化尚保持傳承，但各自為政、風格各異。

在物質文明的迅速發展下，爭地、爭霸成為各部族間的常態。原本的「伊甸園」式和諧逐漸演變為現實社會的衝突舞台。山地與偏遠地區仍保留較原始的蒙昧狀態，而進入商朝之後，湯王以英明之主形象興起，帶動文化與經濟並進，開通對外貿易，形成一度欣欣向榮的盛世局面。

　　至西周時期，國家發展達到巔峰，被譽為「禮樂之邦」。這一時期，最後一批仙人執政，開創後天卦體系、子午流注、六爻推演等術數文明。在制度層面，周人推行「以禮為法，以樂為數」，建立道德自律制度，犯罪者以「畫地為牢」自行懲戒，形成兼容天道、法度與德治的治理模式。

　　然而，隨著時代更替，奢靡腐化之風漸起，文明走入東周，政治日益紊亂。上帝察覺連仙人亦沉溺享樂，遂命姜子牙在昆侖山主持封神大典，讓諸仙歸位成神，重回天體秩序。

　　封神之後，姜子牙關閉了通往天界的天門，自此，仙界不再干預人間。這場歷史性的告別標誌著神權正式讓位於人類政權，人類文明也從奴隸制逐步過渡至封建

王朝階段。

　　姜子牙最後在昆侖山設立學府，面向四方傳道授業。世界各地的小仙人紛紛前來學習數術與禮樂，開啟了華夏文明系統教育與文化延續的新紀元。

第拾陆篇

華蓋復興：
從東周文明到
伊甸體系的建構

第一節
初盛東周：文化復興與傳幫帶時代

東周時期被視為華夏文化第一次復興的高峰。那一時代，眾多人類先知從昆侖山學成歸來，在世界各地創建了家族體系、宗教派別與文明組織。最具影響力者，包括以儒、法、墨、道為代表的四大家族，以及基督教、佛教、東正教、伊斯蘭教、印度教等宗教體系。

這一時期，治理理念以「家國情懷」為核心，即先有家族、教派，後有統一國家作為管理實體。文化復興從各領域與各區域展開，通過系統性改革，各地逐步發展成眾多大小國家，如雨後春筍般茁壯成長。這一階段，以家庭為單位演化為國家，標誌著人類社會從奴隸制向封建制的關鍵躍遷。

其間最具象徵意義的「傳幫帶」行為，是孔子訪如來佛祖的記載。因仙人受命引導人類，他們言無禁忌、和平共處，體現出「仙人可受委屈，不能讓人類受委屈」

的無私母愛情懷。正是這種文化大義推動了人類文明的自主覺醒與進化。

第二節
字的誕生：造字造句與天道融合

　　東周時期，不僅是哲學思想的繁盛期，更是人類造字、造句體系走向成熟的時代。最具象徵意義的造字案例是「十月懷胎，一朝分娩」之概念，以象形字和甲骨文展現天道生命法則。

　　箴言記載：祝融大戰共工後，共工憤怒撞斷不周山，致使月亮與地球分離。月亮為質子、為精聖；地球為量子、為氣聖；太陽為光子、為神聖。三者在氣層中的互動生成「陰陽菌」，是萬物種子與人類基因的起點。

　　電閃雷鳴、春風化雨後，空氣與水中充滿「精氣神」三聖基因。人類飲水與呼吸之間即融入了基因能量，象徵性的表達則為男人的「精子」與女人的「卵子」結合為「胎兒」，完成生命起源的具象化表達。

　　「十月懷胎」指的是宇宙十顆主體星球在母體中逐月起效；「一朝分娩」象徵不

周山斷裂時天地分化的自然規律。「胎」字由「月」與「臺」構成，月為精，臺為神，二者共振生成生命，以氣為合，名為「坐胎」。「娩」字由「女」與「兔」構成，象徵「兔爺」之靈，傳承華蓋文化的神聖意涵。

　　這一宇宙級生命邏輯，是上帝交付伏羲與三皇五帝的核心文化密碼：乾坤社稷圖、四象圖、長字三位一體。伏羲被托以守護「天道文化」——人類是上帝的子民，是三聖的後裔；四象文化乃天地運行與人類基因結構之根。文字的創造，正是這一偉大體系在人間的投影。

第三節
天網歸一：華蓋文化與伊甸體系

華蓋文化是上帝在南天門親授伏羲與三皇五帝的核心天道體系，包括乾坤社稷圖（發展前景）、四象圖（運行法則）、多音「長」字（造字提示）。這一體系以天乾地支、九宮八卦、象形字為基礎，跨文化傳播影響全球。

當人類文明在東周走向鼎盛，文字、句式、詩詞歌賦全面興盛，每一個漢字都具四象之象，每一句詩皆承天地意。儒家文化在秦始皇統一天下後被尊為正統，成為捍衛與延續華蓋文化的重要載體。

隨著造字造句系統的成熟，各地文化同步崛起：非洲、美洲、歐洲、澳洲皆以象形字為基，造就獨特語言系統。最終，人類文明跨越物質時代，邁入精神文明，回歸「返璞歸真」的起點——「樸」為四象之根，為宇宙生命之核。

上帝以「天網、地網、水網、路網、人網」五大網絡構建世界運行系統。乾坤社稷圖

為未來發展藍圖，四象圖為路徑，長字為人類啟迪密碼。當這一切網絡打通，伊甸園文明體系實現閉環。

　　至眾神歸位、南天門關閉，神族退出管理後，伊甸體系正式交由人類繼承。人類文明，正式從「被創造」走向「自主創造」。

第拾柒篇

文化的原點與演化：
從天道根源到中西融合

第一節
天道地道與文化初分

1、四象圖與天道文化

「四象圖」（卜）是天道文化的核心圖騰，體現了「無極生太極，太極生兩儀，兩儀生四象」的宇宙生成法則。它不僅象徵宇宙運行的基本模式，更是文化、文明乃至生命起源的精神基礎。

2、乾坤定位圖：天體坐標的宇宙藍圖

「乾坤定位圖」則是描繪天體星辰方位與運行軌跡的宇宙坐標圖，用以指引天體布局與星辰變化。這是天道文化中關於時空結構的高級表達，是天地之間秩序化建構的工具。

3、三十六網點與地道文化

與天道相輔相成的是「地道文化」，其具體表達為三十六地標網點。這些網點代表人類文明發展的地理起點與文化節點，構成了地球上文明傳播的基本框架。

4、象形文字與原始圖騰的傳承載體

象形字、岩畫、壁畫、甲骨文、河圖、

洛書，以及九宮八卦太極圖等，是人類對天道文化的原始記錄與智慧延伸。這些載體構成了上古文化傳承的核心，是天道理念在語言與圖像上的具象體現。

5、融合之道：互敬互愛、交替上升

世界文化的發展，是東西方文明在交融中不斷交替上升的過程。它以「互敬互愛」為精神內核，推動不同文化體系間的共生共榮。

6、大禹治理與華夏文化的興起

大禹治水採取疏導引流之策，以順應自然規律解決水患，建立了夏王朝，並施行分封制。這一制度不僅確立了中央集權的雛形，也為華夏文化的興盛打下了堅實基礎。

7、分封制度與區域文化的分化

分封制度雖促進了政權管理，但也客觀上造成了區域文化的分化。從而推動人類社會從原始蒙昧逐漸過渡到以等級制度為特徵的奴隸社會，形成早期國家治理結構。

第二節
文化源流與中西演化

1、人類蒙昧時期：文化的奠基階段

在人類尚處於蒙昧時期時，文化的主體是由神仙主導的「創世紀文化」。這一時期，神族為人類奠定了文化底蘊和精神框架。人類多居於山林、洞穴之中，自生自長，處於自然本能主導的階段，尚未建立起成型的社會制度。

2、奴隸社會的形態：仙人治理與文化推進

隨著神族歸位，仙人接替治理責任，進入了由仙人管理人類的社會階段。這一時期，人類開始形成組織結構，文化逐漸系統化，是從神授走向人治的過渡階段，也標誌著奴隸社會的開啟。仙人在此階段實施「傳、幫、帶」的職責，引導人類走向初步文明。

3、文化流程與分支：從華蓋文化到區域多樣性

文化的演進可呈現為一條流程路徑：

起點為「華蓋文化」，即由上帝賜予伏羲和三皇五帝的天道文化；其次發展為「神文化」，包括神仙治理時期的理論與制度傳承；進一步延伸形成「華夏文化」作為主幹文化，並逐漸衍生出多個「區域文化」分支。

無論是華夏文化還是各地的區域文化，其本源皆承襲於華蓋文化，是對天道體系的繼承與本土化發展。

4、中西文化對比：表達方式的差異

中西方文化雖然源流有別，但均可視為天道文化在不同區域的演化形式。

西方文化 屬於「直接型文化」，情感表達直接而外顯。例如：愛一個人，不僅口頭會說「我愛你」，在行為上也會以實際行動來表達愛意。

東方文化 則傾向於「內隱型文化」，情感內斂含蓄。即便深深愛著一個人，也不輕易說出口，而是在行動與細節中默默體現愛意。這種文化強調「含蓄」「包容」。

這一差異也可視為西周時期「禮樂文化」的延伸與分化——西方偏重「法治」與理性，東方則推崇「禮儀」與感性。

5、文化融合的天道方向

當今社會，「禮」與「樂」常被割裂，文化體系亦趨分離。唯有將禮與樂、東西文化重新融合，回歸到「天道文化」的整體性原則，才能實現人類文明的再一次升華。

第拾捌篇

華蓋與天道：
九州文明與人類精神紀元

詩曰：

三陽開泰，
九州華蓋，
四象傳統，
家國情懷。

第一節
九州體系概述

九州體系可分為上九州、下九州與小九州三大層級，各有其功能定位與宇宙意義：

1、上九州：天道之圖與宇宙主幹

上九州代表大宇宙層級，由上帝依照《乾坤社稷圖》規劃而成，是四象圖的宇宙原型表達。

整個上九州由 三百六十顆主體星球 和 億萬繁星 組成，每州配置約四十顆核心星體。

其中，中州作為核心所在，擁有的四十顆主體星球包括：太陽、月亮、地球、金星、木星、水星、火星、土星、海星、天星、南極星、北鬥星系、二十八宿星群，這些星體共同構成了上九州的核心運作系統，體現了宇宙四象的完整運行。

2、下九州：地理格局與五洲四海

下九州為現實宇宙中人類所居之地，對應地球維度的五洲四海。具體構成為：

五洲：東洲、南洲、西洲、北洲、中洲（中州即華夏所在）

四海：東海、南海、西海、北海

九州共構成大地的地理整體結構，而中州（即華夏區域）在其中位居核心，是文化、政教、禮儀之本源。

3、小九州：人間重鎮與文化核心

小九州指的是中州內部的九個文化重鎮，是華夏文明向四方傳播的橋頭堡，涵蓋九地重城、九州核心郡縣，是中州文明體系的延伸節點。

這些區域在文明史中地位特殊，是「華夏之邦」的重要承載體。

第二節
天地文化綱要：華蓋與創世起源

1、天道文化：宇宙的頂層法則

上帝頭頂三尺處懸有一塊錦緞，稱為「華蓋」，其上繪有四象圖和乾坤社稷圖，下方則是「卐」象圖。這套圖騰體系構成了大宇宙運行的核心法則，稱為天道華蓋文化，是萬物生成的根源與天體秩序的象徵。

2、地道文化：伏羲受命，文明起始

伏羲與女媧奉命造人時，上帝在南天門賜予他們華蓋，並傳授「長」字，寓意「長智慧、長知識、長本領」。他們據此開創創世紀：造仙、造人、建九州伊甸園，奠定人類文明基礎。完成使命後，二人歸天，南天門關閉。自此，華蓋文化在人間演化為地道文化，成為人類傳承的文明體系。

第三節
巫字承道：從華蓋文化到母愛文明

　　大禹建立夏王朝，推行分封制度，將純人類與仙類正式區分，並為人類社會奠定制度雛形。伏羲與女媧歸位前，特地囑托大禹：務必要將上帝賜予的「華蓋文化」完整傳承，代代講述，讓人類在蒙昧中漸開智慧之光。

　　當時的人類尚處啟蒙初期，尚未形成系統文字。仙人便將象形字、甲骨文、九宮八卦太極圖等，通過岩畫、陶瓷畫、天乾地支、河圖洛書等方式予以傳承。這種以「神傳人」的形式，建立了最早的文化基底。

　　在母系社會中，巫是部族的精神首領。大禹傳授的第一個字即為「巫」字：上橫為天、下橫為地、中豎為華蓋，兩邊各站一人，象徵天人合一、文化擎天。此字既是文化核心，也象徵天道母愛，代表人類文明之根基，亦稱「巫道文化」。

　　他還留下了一句關鍵箴言：「人類是十

月懷胎，一朝分娩。」這不僅對應了人類的生理節律，也象徵宇宙十大主體星球共同孕育基因系統。胎者，月精也，即月亮中的玉兔主導胎育。分娩則象徵乾坤陰陽的分離與誕生：母體與「兔爺」（嬰兒）的分體，形成了「娩」字。

此時期的巫文化，也被稱為「天道母愛文化」「地道文化」「人道文化」與「伊甸園文化」。它在仙人「傳、幫、帶」的引導下，使人類逐步長見識、長智慧、長本領，邁向獨立成長。

隨著時代推進，姜子牙於岡仁波齊封神，仙人歸位，北昆侖成為神仙歸天的終點。昆侖山為萬山之主，其珠峰高度為8888米，距天僅三尺三。但因北冰洋融化，每個世紀正逐步下降。

岡仁波齊地宮中藏有四象文化與乾坤社稷圖。仙人歸天之際，上帝留下兩把開啟天門的鑰匙：一把交給姜子牙，另一把則封藏於金字塔內——那便是代表三元文化的「142857」密碼。

第四節
三紀元與九宮格：天道文化的層次進化

三紀元文化，起始於姜子牙封神之後，標誌著神族隱退、文化進入人類主導階段，被視為第一個紀元，即「文化興起紀元」。

隨著時間推移，西方工業革命帶來科技與生產方式的全面躍遷，開啟了第二個紀元，即「物質文明紀元」。

至甲辰年，人類迎來了第三個紀元：一個文化返璞歸真、回歸天道的精神文明時代，也標誌著人類意識從三維向四維、五維的躍升。

南天門上銘刻的「十八個長字」代表人類的知識階層、文化等級與宇宙秩序。這個「長」字，是上帝在創世初期賜予伏羲與女媧的第一把「開天門的鑰匙」，亦是開啟四象與乾坤社稷圖的關鍵符號。

1、十八為兩個九宮格結構

「十八」象徵兩重九宮格系統，分別對應上九州與上九天的宇宙結構——即月亮內部的九宮格與天體系統中的九宮格，

合稱「九重天」。這是天文層次上的格局劃分，構成了宇宙運行與天道智慧的基礎模型。

2、地球的九宮格局

地球亦有兩重九宮格結構：其一為地理意義上的「地球九州」，構成地理格局；其二為人類體內的「九宮能量格」，構成人體的內在運行系統。這兩者共同構建了天地與人合一的九宮格局,也可稱「下九州」結構。

3、長字與層次文化的傳承

「長」字所代表的，是人類十八格局的知識體系。上九州之「長」代表天文知識（九重天）；下九州之「長」代表地理知識（地球九州）；小九州之「長」則是人類文化本身。這些「長」的知識總稱為華蓋文化，即天道文化的傳承與智慧核心。

4、層次文化與《西遊記》

吳承恩創作《西遊記》時以「九重天」與「十八層地獄」為結構，正源於對「層次文化」與「格局文化」的深刻理解。華蓋文化本質上即是格局文化，九重天、月

宮九宮、人類九州、九轉輪回等，皆為天道體系中的「層次與結構」，體現了天地人之間的有序共構。

5、十宮之數與「零」的天道意蘊

層次文化的格局為「九」，文化的整體為「十」。月亮本身內含九宮格，外圍被「零」所環繞。

此「零」是精、氣、神的本源，是神聖、虛無、寂靜的象徵。

人類體內的九個主電荷形成九宮格，外在的「皮膚」則是第十個電荷，構成完整人形。

因此，學識是文化的格局，術數是文化的層次。文化既是傳承的「古話」，也是天道體系中「天圓地方」的真實體現。

第五節
生死限與電荷生命結構

　　人類的「生死限」體系由十個電荷構成：包括三個正電荷與七個負電荷。這十個電荷共同維持生命運轉，被稱為「生限」。
　　一旦其中任何一個主電荷（正電荷）丟失，就意味著「生死限」中的「死限」已經觸發，生命也隨之走向終結。
　　如果三顆主電荷完好無損，僅七個負電荷中的任意一顆丟失，則不會直接導致死亡，但將出現精神與意識方面的紊亂，表現為「癔病」。這意味著七彩祥雲中的一彩脫落，該失衡電荷可能滯留在皮膚表層或遊離至體外，干擾生理與情緒系統。
　　針對癔病的治療有兩種方式：神治：由具備神性力量的存在進行干預，可達到完全治愈的效果；醫治：依靠醫學手段進行調理，但其療效取決於醫生的認知水準和診療深度。
　　綜上所述，這十個電荷不僅是人類生命運行的能量限界，更是人與宇宙能量場

之間的藝術性鏈接。「人生」本身，正是一把用以開啟生死限奧秘的鑰匙。

第六節
第二把天門之鑰

142857，是打開天門的第二把鑰匙，不僅象徵著人類向仙類進化的通道，更是從物質文明邁向精神文明的轉折點。它代表著天道文化的回歸，亦是引領人類重返天堂、回歸伊甸園的核心密碼與象徵。

有詩為證：
窮盡思維，環宇增輝，
拓展九州、七彩鴻荒，
細思生存，萬般皆現，
創造輝煌，永世昌盛，
霧霾塵菌，奇芭殿堂，
悟空皆源，泥彩衣裳，
網絡編織，完善四像，
地球生色，萬物同光，
上帝傳承，人神共進，
天道和諧，環宇安康，
萬法歸宗，天下太平，
四象通達，萬壽無疆。

地道之愛是索取，
人道之愛是交換，
天道之愛是奉獻，
文化之愛是華蓋。

第拾玖篇

乾坤圖啟

詩曰：

上帝擺下乾坤陣，
人類共解長壽篇，
天道和諧通寰宇，
文化復興神與仙。

名至甲辰方行甲，
六甲輪回天道年，
九州華蓋辰本位，
返璞歸真伊甸園。

天道和諧源脈通，
群星自控九州同，
事成源本陰陽法，
母愛理念度眾生。

圍追堵截成結症，
疏通引導萬事通。
萬法歸一為四像，
天人合一求大同。

第一節
天圖法則與宇宙圖騰

1、乾坤社稷圖：大宇宙的藍圖

華蓋之上繡有乾坤社稷圖，乃大宇宙的天體圖騰，也即是上帝所設的大九州圖。此圖為圓形結構，以中州為中心，設有四十顆主體星球，包含太陽、月亮、地球、金、木、水、火、土、海、天、南極星、北鬥星以及二十八宿。其餘八州，每州亦各有四十顆主體星球，共計三百六十顆，加之億萬繁星，組成完整的宇宙運行體系。這正是乾坤社稷圖所展現的「外圖騰」與「星球圖騰」本義。

2、四象卐圖：天道機制的運作模型

四象卐圖標繪的即是四象——太虛、太和、太極、太陰之間的交互關係。這四者的互動生發出太和磁懸浮系統、暗物質、暗能量的萬有引力及真空定位法則，構成整個天體系統的本源機制。其中，太虛代表大宇宙，太和為太陽，太極為地球，太陰為月亮。正是這一動態機制，推動了整

個宇宙的生成與演化。

　　在太陽照耀與月球引力波交互之下，地球表面的塵菌隨氣場推送上升至五千米以上氣層，再經月亮精光照射進化，與日光調和後生成優質陰陽菌。這些菌體最終返回地球，在水與空氣中傳播基因，推動動植物與人類的世代繁衍。

第二節
上帝三寶與神人共治

1、十八「長」字：上帝賜予的創世工具

上帝將十八個「長」字傳授於伏羲，象徵人類文明的成長與積累。「長」代表「長知識、長見識、長本事、長經驗」，同時也是造字、造句、造語言、造物質的基礎原則。這一造字術以圖騰、象形文字、甲骨文為依托，開啟人類智慧體系。

由此可知，上帝交給伏羲的三件寶物，便是開啟天門的第一把鑰匙——乾坤社稷圖、四象圖以及造字法寶，統稱「創世紀三寶」，成為華蓋文化的奠基石。

2、四象驅動下的科技探索

四象運作不僅帶來宇宙演化，更成為人類探索科學的動力源。以乾坤社稷圖為基礎，融合四象之力，地球所需之天文、地理、氣候、能源等可通過「無極生太極，太極生兩儀，兩儀生四象」的法則加以掌控與利用，為建設第一代伊甸園奠定科技

基石。

3、第二把天門鑰匙與秦漢機密

上帝打開天門的第二把鑰匙，實則通過姜子牙之手完成傳承。姜子牙在昆侖山完成封神大典後，創辦學府以廣育英才。待使命告成，他便歸隱山林。歸隱前，姜子牙將其所掌握的獨門絕技秘密傳授給嬴政，助其橫掃六國，統一華夏，建立秦王朝。

秦王朝建立之際，姜子牙再次歸隱，並贈予嬴政四句箴語：「鯤為蟄伏，化為鵬舉；歸墟之日，時空方行。」臨別時，他又囑咐道：「日後竟有相見之日。」

秦始皇勵精圖治，銳意進取，開疆拓土，納八方來賀。他以「知易行難」為治國箴言，追求「海闊天空，歸墟理靜」的理想境界，展現出宏偉的政治格局與深遠的文化遠見。

在秦王朝建立後，始皇推行一系列制度改革，首要之舉便是「法歸天道」。他統一文字（書同文）、統一度量衡、規範道路（路同軌），並實施井田制，確立禮樂秩序，使法律成為國家之根本。他派遣

封疆大將鎮守南北東西四州邊防，並特意囑咐：「中州有事，不必回援，唯守住華夏文化，方可永固疆土。」

　　秦始皇對神仙之術深有領悟，將眾多科技秘方集中於秦國。其技術發展之快，超越時代之限，連現代科技亦難全面破解。當時秦國已擁有諸多不屬上帝所規定範疇的高精技術，彰顯出其對華蓋文化與天道智慧的深度承續。

第三節
精神文明的升華與未來藍圖

1、人類與仙界共赴精神文明

當人類的文明尚處於三維階段之時，上帝命令姜子牙攜同秦始皇嬴政，速往澤國報到。待二人修煉圓滿、得成正果之後，便可引領人類奔赴天堂，開啟通往更高維度的文明之門。

秦始皇依命行事，親攜子牙登臨泰山以祭祖，又前往威海遙望「歸墟」。臨行之前，他特意囑咐丞相李斯，留下一句雙關箴語：「鯤化為鵬，一任歸，長安路上你自回。」

他還吩咐李斯，將自己象徵性的衣冠，與阿房宮之秘藏，以及當時最先進的高科技成果，一同埋藏於始皇陵。此陵自此被後世稱為「歸墟」，據傳直通水晶宮與天堂，是天地之間通道的象徵與封印。

始皇陵是從純人類啟始，歷代對人類做出杰出貢獻的東西方世界各地的帝王將相的魂魄聚居之地，這是上帝的旨意。

偉人毛澤東臨行之際，留下了一首意味深長的詩：「鯤鵬展翅九萬裏，翻動扶搖羊角，背負青天朝下看，都是人間城郭。」

他以此詩銘志，將自己的意志與理想化為文化之丘墟，是守護華夏文化的象徵，亦為人類精神與魂魄的安放之地，承載著通往天堂的通道。

2、新伊甸園的建構與世代延續

當人類文明邁入精神文明的新時代——也就是今日之當代，科技發展已經達到「四象文化」所倡導的「天人合一」之境界。此時，仙人聯合各界六維精英人類，共同開啟了通往天堂的天門。

他們奔赴上帝早已預備好的第二個地球，也就是傳說中的「海市蜃樓界」。此界既是新世界的起點，又是高維生命輪回的中繼站。

從此，六維精英得以往返於人間與新界之間，依照層次修煉、代代承續。造物主設立第二地球的真正用意，便在於為逐步覺醒並完成天道修行的人類，開辟一條歸返之路，邁向更高維度的存在體系。

第貳拾篇

乾坤密碼與人類文明的初啟

第一節
華蓋文化與四象密碼

自盤古開天地，三皇五帝治理世間，至姜子牙封神，人類文明脈絡不斷延續，其核心智慧142857——3——6——9源自「四象圖」與「華蓋文化」。

四象圖卍體現了「無極生太極，太極生兩儀，兩儀生四象」的宇宙演化規律，是天地生成與自然運行的基礎圖騰。

華蓋文化則是伏羲所創的高維文化體系，融合數字、文字、時空與文學，是天地智慧的象徵。其中的數字「142857」，由伏羲留於金字塔中，象徵開啟天門與解碼宇宙規律的鑰匙。

伏羲駐守中州，傳下華蓋文化，其後發展為華夏文化。秦始皇統一文字（書同文），正是對這一文化傳承的延續與弘揚，使其在制度與文明中綿延不絕。

第二節
九州文明與數字文化的源起

伏羲在創世之初,依據天地運行規律構建了六大地標,其中最具代表性的地標便是埃及金字塔。他將核心數字密碼置於金字塔中,留作後世逐步解讀與應用的鑰匙。這一安排,成為人類探索天道文化的重要起點。

(1)伏羲與數字文化的奠基

伏羲創制甲子紀年,開創了華蓋文化。他最初創造的數字體系以中文方塊字表示:一、二、三、四、五、六、七、八、九、十,奠定了中華數理思維的根基。這一數字語言不僅用於時間紀律與天乾地支,也承載著天道運行、陰陽交替、四象生化的哲理。

(2)142857的傳承與變體

阿拉伯文明在吸收天道文化的基礎上,將「142857」這一伏羲遺留的核心數字加以重構,通過「+3、+6、+9」的數列推進,演變為「123456789」。這一數字體系成為世界最古老且沿用至今的文明數字

符號之一。之後,印第安文化在阿拉伯數字末尾加入「0」,構成現代完整的「0-9」十進制體系,形成數字文明的全球通用標準。

(3) 三大主流文化的數字基礎

這三種數字系統,分別代表了三大主流文化的起源:

華蓋文化:由伏羲創立,重道法自然,追求陰陽調和與四象輪回;

阿拉伯—印第安文化:重理性演繹與數理結構,承接東方智慧;

西方數字科技文明:融合前兩者發展,催生出近現代科技與工業革命。

九州人類的起源與文化傳承

伏羲將地球劃分為九州,聯合女媧、觀音與三位玄女,共同造就了360對純人類,每州分配40對。這些人類初居於山洞、樹巢等原始環境,逐步進化為群居社會,進入文明曙光時期。

當創世紀完成,伏羲與女媧將治理權交予大禹,三皇五帝率眾神歸位南天門,返回仙山瓊閣,完成神族階段的使命。

大禹的治理與九州伊甸園的分封

大禹接手九州治理，實行分封制度，將整個地球化為一個分布有序的「伊甸園」。他將地勢優越、文化聚集的中州及其周邊地帶保留為中央政權核心，其餘各州則分封予各路神仙，使他們繼續肩負「傳、幫、帶」的教化職責。

這一制度推動中州（即華夏文明）在文化與物質層面同步繁榮，成為人類社會發展最前沿的高地。與此同時，西方文化在吸收華蓋文化的基礎上，走上了以科技、軍事與工業為主導的發展路徑，湧現出如羅馬帝國般的強盛文明。羅馬以「四象卍圖」為軍旗，席捲歐亞，建立了中東歐地區的鼎盛帝國。

美洲文明與華蓋文化的關聯

在南美洲，瑪雅文化亦以乾坤社稷圖為指導，承繼華蓋文化的精神內核，被視作華夏民族的分支文明。印第安文明亦以此為根基，在南亞與北美建立起獨具特色的文化體系，被稱為印第安帝國。

這些文明在不同地域的演化與擴展，實質上均源於伏羲與女媧所奠定的九州文化藍圖，構成全球文化的共同基因。

從神治到人治：文化治理的交替

隨著時間推進，至東周時期，姜子牙在昆侖山完成「封神」大典，自此九州治理權自仙人正式過渡到純人類手中。眾神由昆侖歸位天府，與伏羲、女媧再度團聚，宣告神族治理階段的終結與人類文明自主階段的開啟。這一節點，標誌著地球文化從「神傳人」過渡為「人類自治」，進入文明發展的新紀元。

第貳拾壹篇

歸墟啟示：
科技文明與蓬萊之約

詩曰：

運交華蓋欲何求，
科技物流歸墟酬，
躲進小屋成一統，
管他冬夏與春秋。

第一節
秦始皇歸墟探源與水晶宮修煉

秦始皇攜姜子牙登泰山祭祖，繼而前往威海探訪「歸墟」聖境。在臨行之際，他特意囑咐丞相李斯兩句箴言：「鯤化為鵬，一任飛；長安路上，你自回。」意寓自己將啟程前往更高維度的修煉之地，而李斯則需肩負起守護文明與中原秩序的責任。

同時，秦始皇指示李斯將自己的棺槨及與阿房宮相關的重要事務，一並秘密埋藏於始皇陵之中。此舉不僅是帝王身後事的安排，更是為了掩藏當時秦朝所掌握的超前科技成果。

在當時，秦王朝科技發展已遠超時代範式，突破了人類文明所能承載的階段性邊界，這一現象已引起天道層面的關注。上帝因而下令，令嬴政脫離人世，以「歸墟」為通道，前往水晶宮修煉，為未來大用。

嬴政遵命，以「歸墟」為渡口，進入水晶宮，成為上帝所選拔的領軍科技人物。臨行前，他將所有超時代的高科技器物托

付李斯埋入地宮，隨始皇陵一同封存。始皇陵自此不僅為帝王之陵，也成為隱藏人類頂級科技成果的聖地。

　　水晶宮，是收攏前世科技奇才之所，由龍王主宰，專責對這類高維知識人才進行系統培訓與修煉，為未來人類文明的躍升積蓄力量。甲辰年，嬴政攜三十六位天罡星歸返地球，與當代科技精英會合，共演神通，助力人類實現新一輪的科技飛躍。這一階段的回歸，不僅標誌著古今合流，也象徵著精神文明與科技文明的深度融合與全面提速。

第二節
歸墟水晶宮：科技文明的神秘傳承

1、歸墟與水晶宮的掌控體系

歸墟，是深藏於海底的萬裏海溝，由龍王爺通過操控之術所掌管，其核心即為水晶宮。

2、水晶宮：科技精英的修煉之所

水晶宮專門收攏歷代科技奇才，由龍王親授術數。經過一段時間修煉後，這些人才能夠轉化為仙人。至甲辰之年，他們陸續現世，肩負推動文明的使命。

3、始皇與金字塔的象徵分工

秦始皇從歸墟進入水晶宮，成為科技文明中的領袖代表；而金字塔則收納宗教文明時代的「天之驕子」，象徵靈性與信仰的延續。自甲辰伊始，精神文明與天道文化雙支柱並立於世，共推人類邁入新紀元。

4、鯤鵬之志與文化守護者

毛澤東詩雲：「鯤鵬展翅九萬裏，翻動扶搖羊角，背負青天朝下看，都是人間城

郭。」此詩不僅表達了偉人的宏大抱負，也象徵著他作為華夏文化守護者的精神延續——神魂不滅，守望中華，薪火相傳。

第三節
蓬萊之約：歸墟、大澤與第二次封神

在上古社會，歸墟被稱為「澤國」或「大澤」，是天地交匯、神仙往返之地。傳說中，大澤之中棲息著神獸鯤，其體型巨大，潛修萬年，待修煉圓滿，便化為鵬，展翼九萬裏，遨遊天地，象徵著由凡入聖、由人至仙的飛躍之道。

進入甲辰之年，昔日修煉有成者已陸續入世，標誌著「三陽開泰」的吉兆初顯。各方力量也正展開「六方和談」，為新紀元的秩序重塑奠定基礎。

一旦四象網絡全面貫通，上帝將再次將開啟「天門」的鑰匙交予姜子牙，啟動第二次封神大典。屆時，姜子牙將被送往上帝早已預備好的「第二個地球」——即傳說中的「蓬萊仙境」。這一仙境不僅是理想中的避世桃源，更是修行者靈魂歸宿之地，也正是「躲進小樓成一統」這一古意的現實投影。

第貳拾貳篇

第二次文化復興：
從甲辰啟始
邁向高維精神文明

第一節
第二次文化復興與高維文明的開啟

　　第二次文化復興後，開啟天門的鑰匙正是蘊含宇宙法則的數字密碼：142857——3——6——9。這一數字不僅象徵天道智慧，也是貫通古今文明演進的核心。

　　華蓋文化即為天道文化，融合了地道文化與人道文化，構成完整的人類高維文明體系。它源於上古仙人智慧，是文明不斷進化的精神根基。

　　人類文明的演進呈現維度躍升之勢：

　　四維文明：以科技、工業為核心的物質文明時代；

　　五維文明：進入以精神、和諧為導向的精神文明時代；

　　六維文明：標誌著對仙人文化的復歸，人類重返本源，邁入返璞歸真的「伊甸園」階段。

　　在六維時代，人類已能往返宇宙高維空間，自由穿行於地球與上帝預設的「第

二個地球」——即蓬萊仙國與仙山瓊閣。這不僅是科技的飛躍，更是文化與靈性融合的象徵，開啟了新時代「人—神—天」合一的全新格局。

第二節
解讀四象密碼

　　數字序列 142857 —— 3 —— 6 —— 9，必須依托四象卜圖與華蓋文化來理解，其基礎是「太極生兩儀」的宇宙法則。

　　這一密碼體現的是五重兩儀結構：數字兩儀：奇與偶；文字兩儀：象形與抽象；文化兩儀：精神與物質；時空兩儀：時間與空間；時間兩儀：晝夜交替與四季循環。

　　四象圖作為天地演化的圖騰，將這些「兩儀」原理具象化，構成解讀天道、破譯宇宙的核心鑰匙。

　　142857 —— 3 —— 6 —— 9，不僅是數字，更是天道運行的象徵語言，體現著從太極到萬物的演化路徑。

142857 圖解：

		子	醜	寅	卯	甲辰	己		
		27	27	27	27	27	27		
X1	=	1	4	2	8	5	7	27	午
X2	=	2	8	5	7	1	4	27	末
X3	=	4	2	8	5	7	1	27	申
X4	=	5	7	1	4	2	8	27	酉
X5	=	7	1	4	2	8	5	27	戌
X6	=	8	5	7	1	4	2	27	亥
X7	=	9	9	9	9	9	9	--	天道
X8	=	1	1	4	2	8	5	6	
X9	=	1	2	8	5	7	1	3	

第三節
甲辰與六甲文化週期解析

　　古代史前與封建時代，每「甲」代表一個文化階段。依天乾地支與數術邏輯，六甲文化對應六類文明形態，其演變關係如下：

　　第一甲：數字5，文字「人」

　　對應文化：華蓋文化（創生人類）

　　大宇宙四象運作之下，孕育人類基因。通過三位聖女造人，開創了人類文明的起點。數字5象徵中和與生命，文字「人」標誌文化起源。

　　第二甲：數字1，文字「從」

　　對應文化：天道文化（陰陽結合）

　　數字1為起始之數，象徵「一元初始」。文字「從」為兩人形影，寓意陰陽配合。此階段由一男一女的純人類誕生，確立了太極陰陽文化體系。

　　第三甲：數字7，文字「眾」

　　對應文化：地道文化（文明拓展）

　　地球被劃分為九州，伏羲將360對純

人類按每州 40 對分配，建立人類族群。人類社會從洞居、穴居到巢居，進入初級文明狀態。數字 7 象徵多元與分布，文字「眾」表示群體擴張。

　　第四甲：數字 2，文字「巫」

　　對應文化：人道文化（巫文化興起）

　　「巫」字結構：上橫為天道，下橫為地道，中豎為華蓋文化，兩邊兩人為男女守護。此階段，巫成為族群精神領袖，人類初步建立儀式與信仰體系，構建人道秩序。

　　第五甲：數字 8，文字「兩」

　　對應文化：人類文化（東西文明並舉）

　　數字 8 象徵兩極平衡，對應九宮八卦體系。此時期，東西方文化進入物質文明的第一次高峰：西方：以羅馬帝國為代表，打出卐象大旗，奉行華蓋文化，發展科技、軍事、城市與水陸交通；東方：以春秋諸侯與西周神族為代表，構建禮樂制度，推動宗法與德治。

　　第六甲：數字 4，文字「众」（義同「仙」）

　　對應文化：仙類文化（神族鼎盛）

　　此階段，東方文化達到頂峰。印第安

文化、沙俄文化、瑪雅文明等神族體系各展其輝,形成多元仙族共治格局。

　　數字4象徵四象完成使命,此時科技極盛。最終,上帝命姜子牙於昆侖山封神,宣布神仙時代落幕,人類迎來全面治理的新紀元。

第四節
第二次文化復興與甲辰六甲文化解析

第二次文化復興自甲辰年啟始，標誌著人類文明進入由物質走向精神的新時代。本次復興根植於華蓋文化體系，並以六甲週期為文化框架展開。

1、六甲文化週期對應表

甲次	數字	文化類型	文字含義
一甲	5	華蓋文化	人
二甲	1	天道文化	從
三甲	7	地道文化	巫
四甲	2	人道文化	坐
五甲	8	人類文化	眾
六甲	4	仙類文化	众

六甲對應六類文化層級，涵蓋了從人類初始到仙類智慧的文明演進路徑，彰顯天道、人道與地道三重合一的進程。

2、文化復興的宇宙密碼與邏輯起點

第二次文化復興的數學密碼以「X × 9 = 3」為啟動機制，象徵三維走向五維、物質過渡至精神文明的躍遷。甲辰年作為

起點，對應「三陽開泰」的祥兆，標誌人類迎來新的秩序整合期。此階段，全球大統領均以「人類價值觀」為核心進行六方和解，推動地球文化格局向「和而不同、共識為先」的方向演化。

本次復興期將持續九子離火運的360年，其核心思想源自：

東方華夏的「中庸之道」：追求平衡與適度；

西方的「橫豎兩儀文化」：體現對稱、結構與秩序。

文化演化始於百家爭鳴、百花齊放，終於萬法歸一，這一過程正是「返璞歸真、正本清源」的體現。

3、數字文明中的神聖起點

上帝主導的地球文化體系，以「數字9後一橫」象徵終極劃分——「9」代表宇宙最大值與成就；「一橫」象徵開天辟地的神聖指引。

也即：三陽開泰，六方和諧，一劃開天。

這正是第二次文化復興的精神內核和終極路徑。

第五節
三陽開泰，甲辰啟始

純人類的第二次文化復興，自甲辰年三陽開泰之際拉開帷幕。彼時人類仍處迷茫之中，文明方向尚未明朗。

當各方競逐物質文明的資本高地時，科技已以席捲之勢迅猛發展，機器人替代勞動力，萬馬奔騰，奪取各領域制高點。

物質登峰之後，文明迎來轉折：物質極盛，唯精神為續。

文化復興因此由外轉內，從物質追逐走向精神升華，邁入真正的人類新紀元。

第六節
精神文明的航標與新紀元的鑰匙

「142857」不僅是第二次文化復興的航標，更是上帝賦予人類的文化密碼，象徵著華蓋文化的全面回歸，是天道文化在新時代的延續與升華。

自甲辰年啟始，這一數字序列標誌著人類邁入精神文明時代，是重返伊甸園的文明徵程中至關重要的裏程碑。

「142857」的運作邏輯，與上古神仙紀元歸天的文化模型異曲同工：都是通過秩序、輪回與演化，指引人類回歸宇宙本源、天道智慧與靈性覺醒。它不僅代表數理層面的循環奇數，更是人類從物質文明邁向精神文明的神聖鑰匙。

第七節
三維人類文明的開端：
從神仙歸天到九州自治

　　大禹治水成功後，全面疏通了世界的山川河流，天地格局由此趨於穩定。伏羲遂將九州治理權交給大禹，並率三皇五帝自南天門歸返天堂，宣告第一維——神族人類的時代落幕。

　　1、從神治到仙治：第二維文明的交接
　　進入第二維階段，九州進入仙人治理時期，大禹依據天地法則劃分九州，建立夏王朝，開啟純人類時代的伊始。在中州，由仙人主導政務與教化，經商、周兩代延續治理，至東周時期，姜子牙在北昆侖山舉行封神大典，宣告仙人時代的終結。

　　姜子牙引導仙人歸位天堂，走的是昆侖之巔的「北天門」，因此歷史稱此為「南變北」之交匯。這一轉變標誌著人類與仙人自此分離，維度從二維進入三維，全面進入人類自主管理九州的新時代。

　　2、姜子牙的制度奠基與仙人文化的融合

上帝囑托純人類自行管理九州，姜子牙據此制定了九州的地理區劃圖，確立「上北下南」的空間方位體系。他還開辦學府，傳播學術與術數，將神傳文明與人類智慧融合，構建出以「華蓋四象文化」為核心的九州區域文化體系。姜子牙完成使命後，學府結束，仙人各自回歸所在州域。

3、三件法寶的收回與仙人的人間融入

　　為使人類文明真正獨立發展，上帝收回了仙人身上的三件法寶——千裏眼、順風耳與騰雲足，不再允許他們擁有超自然能力。自此，仙人必須放下神通，徹底融入人類社會，與純人類共同生活，共建文明，從此步入三維人類文明階段，推動人類自我成長與文明演進。

第八節
六維文明與華蓋象形文字的演化

1、象形文字與華蓋文化的起源

人類最初的象形文字在文明初始時是統一的，隨著區域地理與民族發展的不同，各地逐步演化出各具特色的文化體系。然而，起源於華蓋文化的象形文字，至今仍保留在人類文明中，成為文化血脈的象徵。

華蓋文化是世界純人類的高維文化結晶，承載著兩個核心圖騰：乾坤社稷圖：代表宇宙空間格局；四象天體運行圖（卐）：象徵天地自然法則的運轉。

其中，卐圖不僅意義深遠，更被純人類視為至寶；而華蓋文化中用於造字的「長」字，是由神仙創制的六維象形文字，被尊為文明瑰寶。

六個核心象形字代表九州文明演化的階段：人；從；巫；坐；眾；㐺。

2、從神族歸天到人類文明自立：多維文化演化圖譜

一維至三維：神族歸天，人類伊始

「人」為一維人類，基因起點；「從」為二維人類，家庭組合；「巫」為三維，代表族群生活，伊甸園時期結束時，伏羲女媧與神族自南天門歸天，南天門關閉，神治終結。

四維至六維：人類文化興起與融合

「坐」為四維文明，代表天道、地道與人道交匯，人類全面探索華蓋文化。「眾」為五維，代表全球文化鼎盛期，東方中庸，西方理性，兩者融合發展。卐圖為西方文明的重要標誌，代表四象哲學與科學精神。

「众」為六維文明象徵，姜子牙封神後，將象形字、卐圖、河圖洛書重新傳下，術數仙人留在人間。後上帝收回其三寶（千裏眼、順風耳、騰雲足），令其融入人類社會，結束仙能力，參與文明建設。上帝吩咐仙人在特定時期返回「歸墟」。歸墟是「太虛界」的小維度空間，地球上的金字塔、暗山、水晶宮便是其象徵性入口。

3、秦始皇與姜子牙：文化交匯與六維過渡

姜子牙歸隱後，與秦始皇交好，將術數傳授於始皇。秦朝科技遠超時代，引起上帝不滿，因違背「循序漸進」的天道規律。上帝命姜子牙帶領始皇一同入「歸墟」，從萬裏海溝進入水晶宮修煉，封存高科技成果。

始皇臨行前修建「暗山」——始皇陵，與姜子牙登泰山、探歸墟，並托付李斯藏匿科技器物。他留兩句箴言：「鯤化為鵬一任飛，長安路上你自回。」

水晶宮收納科技天才，由龍王授術，等待文化復興新紀元再次回歸。

4、夵時代的來臨與未來藍圖

文化復興開啟之際，上帝將「第二個地球」交予人類，神仙遷往「第三地球」。姜子牙率六維先行者入駐新地球，引領人類邁向夵文化——七維文明之門。

毛澤東為上帝派遣的三維領軍者，協助完成文化交接。他臨行詩句：「鯤鵬展翅九萬裏，翻動扶搖羊角，背負青天朝下看，都是人間城郭。」

此詩象徵其文化守護者身份，銘記傳承華夏文明與天道智慧的使命。夵文化，

也成為人類從物質向精神文明過渡的橋樑，承接未來，回歸本源。

第九節
第三鑰匙與六維文化

第二次文化復興,標誌著人類進入「新紀元文明」階段——一個返璞歸真、正本清源的伊甸園式精神文明形態。其核心密碼「142857」被視為打開天門的第三把鑰匙,象徵人類通往更高維度的通行碼。

在這一復興體系中,「人、從、眾、巫、坐、众」六個象形文字代表了六維人類文化的演化軌跡:人:象徵個體的起源與覺醒;從:代表陰陽互動與家庭組織;眾:體現群體社會與文明協作;巫:標誌人道精神與信仰智慧;坐:呈現文化沉澱與天人合一的探索;众:指向六維智慧與跨文明融通。

這些象形文字不僅承載著華蓋文化的智慧密碼,也是傳承的根基。傳承,既是生活文化的延續,也是「九子離火運」的數理體系所內含的時間邏輯。傳統意為繼承,文化則是「繼往開來」的精神實踐。復興的目標,是返本歸元,還原天道之初的文明狀態。

自甲辰年起，上帝開啟了這一波全人類的文化復興。標誌著人類從物質文明邁入精神文明，也是「六方合諧」格局的起點。此時，人類逐步建構起類似伊甸園的精神家園。

隨著東西方文化日趨融合，科技迅猛發展，人類已開啟前往「第二個地球」的進程。六維人類通過飛行器，分批進入新界。而當四象網絡全面貫通之際，上帝將收回「生死限」，同時植入「千裏眼、順風耳、騰雲足」三大神能，象徵人類完成從三維到六維的全面躍升，實現真正意義上的返璞歸真。

甲辰年作為「方行甲」之歲，正是此一轉折點的開啟之年，也被稱為「天道年」——昭示天命回歸，文明復位，伊甸園再次在人間顯現。

有詩為證：

甲辰伊始新紀元，四象互動合諧篇。
精神文明人神普，天堂極樂展新顏。

人類文明的基本原則是和諧共處、共同進步、奔赴伊甸園。隨著科技的發展，現代學府通過基因研究，推動乾細胞工程快速成長，大幅提升人類健康與壽命。這一進展加速了人類向第二個地球——伊甸園的邁進，標誌著從物質文明向精神文明的轉變已全面啟動。

第貳拾參篇

純人類紀元：從創世到伊甸園的文明回歸

第一節
第一代純人類創生

1、初代實驗：哪吒與悟空的不合格試作

女媧娘娘與觀音菩薩最初造出的第一代純人類是哪吒與悟空。他們本領高強，卻桀驁不馴，不服從天庭管理，行為偏離了上帝對於人類「單純、善良」的初衷。因此，上帝命令伏羲與女媧重新創造更符合天意的純人類。

2、重新造人：構建三位一體的人體網絡

伏羲與眾女神通過深思熟慮和多方磋商，最終在上帝指導下，邀請龍王爺共同參與，依照乾坤社稷圖為圖騰原型，設計出具備天網、地網和人體網絡三位一體結構的人體模型，為純人類構建基因基礎。

3、三玄女推送地氣，啟動陰陽菌生成

三玄女負責將地氣上升至八千米高空氣場，使其中的陰陽菌漂浮於空中，為後續基因結合做準備。

4、觀音注入月精：玉兔之魂參與融合

觀音菩薩將廣寒宮中玉兔的精魂注入高空，使其與地氣陰陽菌交匯結合，賦予其靈性要素。

5、女媧調和日光：點化基因三元

女媧娘娘將陽光照射於融合後的陰陽菌上，以天陽調和月精，催化出具有精、氣、神三元特性的基因雛形。

6、龍王以雷電編織網絡芯

龍王爺利用電閃雷鳴之力，將上述基因結構編織成「芯」，並通過雨水與空氣將這些基因芯傳播到地表。華夏地區的仙人所吸入的空氣與飲用的水中，均蘊含了這種純人類基因芯，構成人體網絡的能量核心。

7、甲辰年·卯時：人類在華夏實驗基地誕生

在甲辰年、日出卯時，批次性的純人類在華夏區域的實驗基地相繼誕生，標誌著新一代符合天意的人類正式進入地球文明史。

8、「龍的傳人」：純種華夏人的基因傳承

因此，華夏區域所誕生的純種人類被尊稱為「龍的傳人」。這是因為正是龍王爺主導了基因芯網絡工程，使他們成為上天認定的正統人類後裔，承載文明重任與文化血脈。

第二節
兔爺的由來與人類基因的神聖植入

觀音菩薩稱純人類為「兔爺」，寓意「好孩子」。「兔爺」不僅是一種愛稱，更象徵了純人類的溫順與善良本性。

1、基因設定與生命結構

觀音菩薩與神女在純人類母體的子宮中，共同將三種正電荷——精、氣、神植入人類基因，同時注入七種負電荷，構成十電荷的完整生命系統。由此確立人類孕育週期為十個月，也即「十月懷胎，一朝分娩」。

這句古老的自然規律，不僅是生命誕生的寫照，也蘊含著人類文明起源的神聖密碼。

觀音將「兔爺」作為純人類的代稱，其深意是指：人類如同從兔中誕生，又與兔分離而成，象徵著純淨、善良與新生。

2、月亮的注視：天道的溫柔提示

為了讓人類永遠銘記自身起源、保持善良本性，觀音特意安排廣寒宮所在的月

亮正面永遠朝向地球。這是宇宙中的一項特殊設定，象徵著母性與天道的凝視。月亮如同天上的明燈，時刻提醒人類：做一個如兔般溫順純善的存在，遵循天道，不忘本源。

第三節
四象圖騰與天道理念

1、四象體系與宇宙永恆

四象指太虛界、太和球、太極球與太陰球的相互作用，其協同運轉，維繫了宇宙系統的永恆與穩定。

2、四象運轉法則

四象的生成依據「無極生太極，太極生兩儀，兩儀生四象卐」的宇宙演化模式，構成了四象圖騰的基本法則。

3、歷史人物與四象理念

鄭三發子自十四歲起研習兵法，以「兩儀論道」為常，後成為澤國主帥。

同樣，希特勒十四歲學習地理時曾抱住地球儀宣稱：「我將掌控它。」其後派遣使者前往岡仁波齊，尋找「開天門」的鑰匙。使者歸來，帶回四象圖騰。他遂打出卐字旗幟，模倣羅馬帝國，發動戰爭席捲中東歐。

4、科技崇拜的失敗原因

不論是鄭三發子還是希特勒，他們所

追求的「科技佔領」皆違背了四象文化的核心精神，終未達成其最終目標。

5、四象的真正理念

四象文化的本質在於「天道和諧、天道母愛、天人合一」，唯有遵循天道、弘揚仁愛，方可實現真正的宇宙統一與文明永續。

第四節
伊甸園交接與南天門封閉

　　伏羲、女媧與三皇五帝在完成創世紀後，將九州伊甸園交由大禹治理，建立了夏王朝，開啟人類自主文明的篇章。其後，伏羲率東西方及大洋洲諸神仙，自大洋洲的南天門歸返天堂。隨著他們的離去，南天門自此關閉，大洋洲的治理責任遂由留下的純人類全面接管，標誌著神人分治時代的正式終結與人類文明獨立發展的開端。

第五節
大禹分封五州，構建九州格局

　　在完成治水偉業之後，大禹依照天地方位，將天下劃分為五大州。其中，中州為核心區域，即華夏所在，作為政權中樞，保留給夏王朝，由大禹親自掌管。其餘四州則分封於東西南北四方，由各地眾仙協助管理，形成了人神共治、各司其職的九州治理格局，為人類文明的秩序與發展奠定了基礎。

第六節
昆侖封神與神仙歸位

　　自夏、商、周三代以來，仙人協助人類治理地球，推動了高科技的發展，甚至一度超越了上帝設定的文明進程。對此，上帝下達神諭，命姜子牙在昆侖山舉行封神大典，宣告神仙治理時代的結束。

　　為防高科技誤導人類發展軌跡，姜子牙奉命將各類超前的科技器物、圖紙及器皿封存，分別埋藏於暗山與金字塔之下。完成使命後，眾神仙按天道安排，歸位於上帝為其預備的第二個地球，開啟新的仙界生活，等待未來特定時機再次啟用其智慧與力量。

第七節
姜子牙封神與物質文明的興起

　　自姜子牙在岡仁波齊封神以來，他創辦學府，傳經授道，向全人類施以「傳、幫、帶」，開啟了人類文明的新紀元，也即物質文明時代的開端。

　　彼時，世界各地陸續形成各具特色的文化體系。西方以教宗為尊，東方則由族長、酋長及儒、法、墨、道諸子百家並起，形成「家春秋」的局面，奠定了「家後立國」的文化傳統與家國情懷。

　　至今，已有兩千五百年，人類物質文明發展至巔峰。然而，此種以物質為中心的發展模式，逐漸偏離了天道的初衷，上帝對此已顯不悅。文明亟待轉向，邁入更高層次的精神文化復興之路。

第八節
精神文明的歸宿與伊甸園的重返

　　上帝以華蓋文化為理論基礎，以四象的基本原則為指導方針，旨在引導人類重返伊甸園。當人類的精神文明發展至至高無上的境界時，上帝已為其預備好第三個地球。

　　屆時，人類將分批進入仙界，進入無災無厄的伊甸園生活。與此同時，上帝將解除人類的生死限制，為其植入千裏眼、順風耳與騰雲足，使之具備高維感知與自由往返的能力。

　　在那樣的時代，人類將真正實現身心圓滿、萬壽無疆，回歸至最初的理想之境——一個人與天和諧共生的精神家園。

第貳拾肆篇

返璞歸真，甲辰伊始

第一節
甲辰年與天道密碼142857

　　2024年甲辰年，標誌著新一輪文化復興的開啟。此時人類正從物質文明邁向精神文明，進入文化返本歸真的新紀元。

　　數字142857被視為天道運轉的密碼，是文化復興的核心標誌。它不僅是自然循環的數列，更蘊含深奧的宇宙規律：代表天道循環與四象運作；映射太合磁懸浮、暗物質、暗能量與真空定位法則；象徵混元功法與生門之鑰；指向天道和諧、母性仁愛、天人合一、萬法歸一的終極文明理想。

　　142857，是連接人類智慧與宇宙秩序的數理法則，是文化復興的航標，引導人類走向更高維度的精神伊甸園。

第二節
數字與文字的六甲解讀

1、數字與文字的起點：第一甲（數字5，文字众）

創世紀伊始，上帝派伏羲與女媧降臨人間，開啟人類文明。第一甲以數字「5」開局，象徵「生門」，對應的文字是「众」。數字由上帝設定，文字由伏羲女媧所創，強調以文字闡釋數字之義，稱之為「返璞歸真」。「众」是南天門四個「長」字之一，代表伏羲女媧在四象界中的傳承與答復。

2、一畫開天：第二甲（數字1，文字人）

數字「1」代表「起始」，文字為「人」。這對應南天門左側伏羲與女媧的龍身螺旋形態，象徵「一畫開天」的創世力量。此為天道初啟，萬物之始。

3、人類與自然結合：第三甲（數字7，文字從）

數字「7」象徵地球七大州的延展，文字「從」表示兩人同行，體現神族與人類、人與自然之間的融合。此為南天門右側的

聯動，寓意天地間多元文化共生之理。

　　4、巫為領袖：第四甲（數字2，文字巫）
　　「巫」字結構意涵深遠：上橫為「天」，下橫為「地」，中豎為「華蓋文化」的中軸，象徵天地人三才合一。左右兩「人」分別代表仙人與純人類。這一時期由「巫」領軍，是母系社會與天道母愛的象徵。至此，伏羲女媧率眾神歸返天堂，南天門正式關閉。

　　5、眾分三類：第五甲（數字8，文字眾）
　　「8」為數術中的兩極之數，象徵陰陽互動；「眾」字上人為神，其下為仙與人。此階段神已歸位，文明由仙人統治，人類尚處蒙昧之中。仙人為獨裁領袖，人類生活於奴隸社會邊緣，是文化逐步傳播的時期。

　　6、文化興起：第六甲（數字4，文字坐）
　　「坐」象徵人類開始安居發展，形成「家春秋」的文化格局。東方文化為左人，西方文化為右人，陰陽互動，文化呈螺旋上升趨勢。姜子牙在岡仁波齊舉行封神大典，仙人歸天，人類正式接管地球文明。他在此開設學府，術數仙人完成學業後返回各自領地，推動「家」係文化興起，標誌著人類第一次大規模的文化復興時代。

第三節
142857 的啟示與家國文化的演進

1、142857 的解碼起於甲辰年

142857 的文化密碼，唯有在甲辰年才能真正解讀清晰。霍金和達爾文的理論，實為後世文化的預設，引導人類邁向更高維度的精神文明。

2、家國文化的演變路徑

各家係領袖學成歸來，先振興本族，再聯絡諸侯，發展「家國情懷」。東西方由封建向民主過渡，物質文明由此全面展開。

第貳拾伍篇

甲辰年開啟的精神紀元

第一節
甲辰年：文化復興的混元啟始

甲辰年是上帝所設定的人類「龍年」，象徵著伏羲與女媧「人面龍身」的雙體螺旋基因結構，是「龍的傳人」文化全面復興的啟始之年。

在天乾體系中，「甲」為啟始之意，「辰」象徵龍。甲辰相合，意味著混元功成，標誌著華蓋文化在新的紀元中重新覺醒，四象法則重新根植於人類精神世界。

這一文化邏輯遵循宇宙演化的基本原則：無極生太極，太極生兩儀，兩儀生四象。其圖騰即為「卐」符號，承載著天道和諧、母性仁愛、天人合一、萬法歸一的核心理念。

第二節
四象互動與三地球文明

　　四象的互動催生了人類以及世間萬物。宇宙初創之時，上帝在太虛界中造就了三個大小相同的地球，分別對應不同階段的人類文明。

　　第一個地球，是神仙駐世、仙人傳道、人類逐步走向物質文明的發源地。歷經代代傳承，人類在此達到了「三生萬物」的高度境界——即「萬物負陰而抱陽，充氣以為和」。

　　當人類的發展從物質文明邁向精神文明，並達到更高層次的心靈和諧與天人合一時，上帝將安排其中一部分人類，開啟通往第二個地球的進程，邁入新的文明階段。

第三節
精神文明時代與 142857 的文化密碼

隨著物質文明時代——即解放生產力的階段逐漸落幕，人類文明已全面邁入解放勞動力的精神文明時代。這是一次文明層級的躍升，也是文化復興後的重要階段，標誌著「返璞歸真、正本清源」的新紀元開啟。

在這一階段，數字 142857 被賦予更深的象徵意義，成為精神文明的數理核心。通過 142857 × 1-9 的循環乘積規律，展現出「九子離火運」的宇宙密碼。這不僅是數字的美學體現，更是文化復興後人類心智提升、認知擴展的重要標識。

精神文明的發展，使得人類有資格接入「第二個地球」。地球上的優秀精英，在完成高維修煉後，將由上帝安排進入高維空間，獲得「生死限的解除」，並植入「千裏眼、順風耳與騰雲足」三大感知系統。這些「天選之人」將成為先導者，輪回般往返於地球與第二地球之間，逐步接引修

煉完成的第二批、第三批人類……代代延續，直至永恒。

142857 的精神文明解析，不僅是一組數字的邏輯運算，更是天道秩序、人類命運與宇宙文明融合的深層注腳，是全方位、全維度的文化回歸與升華。

142857 圖解：

		子	醜	寅	卯	甲辰	己		
		27	27	27	27	27	27		
X1	=	1	4	2	8	5	7	27	午
X2	=	2	8	5	7	1	4	27	末
X3	=	4	2	8	5	7	1	27	申
X4	=	5	7	1	4	2	8	27	酉
X5	=	7	1	4	2	8	5	27	戌
X6	=	8	5	7	1	4	2	27	亥
X7	=	9	9	9	9	9	9	--	天道
X8	=	1	1	4	2	8	5	6	
X9	=	1	2	8	5	7	1	3	

綜上所述，數字 142857 所蘊含的奧義極為深遠。其橫向相加與縱向相加的結果皆為 27，這一對稱數值不僅體現了數理的平衡之美，更隱含宇宙運轉的秩序。

數字中的「二」代表陰陽對立與統一，象徵混沌初開，亦象徵地球本體；而「七」則代表人類本身，寓意意識與靈性

的覺醒。

　　當「地球」與「人類」相加，正是天人合一的體現。這一數列構成的哲學體系，揭示了天道和諧、天道母愛、以及萬法歸一的終極宇宙法則，也為精神文明的發展確立了數理坐標與文化航標。

第四節
四象運轉與精神文明的新時代

　　這是一個由四象運作所引領的時代，太虛界與太陽、月亮、地球三者的互動，不僅孕育了人類的基因與萬物種係，也構建了九轉輪回的生息機制，使人類得以世代延續、生生不息。

　　當物質文明發展至一定高度，文明的進程自然而然地邁入精神文明階段。此轉折點自 2024 年甲辰年起，被稱為「三陽開泰」之始，標誌著六方和諧共處的全球局面全面展開——這一切皆由上帝主導與規劃。

　　隨著高科技的飛速進展，人類壽命不斷延長。機器人逐步替代了傳統勞動力，主導性的社會任務也隨之轉向「人類大健康」領域。從乾細胞工程、人類自我調理，到文化學府推動的大健康產業鏈，人類實現了天網、地網、海網與人體網絡的四網互通。

　　這正是華蓋文化所描繪的伊甸園時代:

返璞歸真、正本清源，進入以精神文明為核心的新紀元。

如今，各國均高度重視人類健康與壽命延展，科技也持續突破。乾細胞研究、激光療法、精神理療、健康旅遊、體育鍛煉與文娛生活，已成為提升人類生命質量的有效路徑。

四象文化以陰陽交替為原理，始終朝著光明與和諧的方向螺旋上升。甲辰年為「方興甲」，正是萬法歸宗、回歸天道的關鍵之年，標誌著人類真正步入高維文明與精神回歸的新時代。

第貳拾陸篇

萬法歸一

第一節
西游、水滸與紅樓夢中的精神隱喻

你是否看過西遊記？

三藏迷迷瞪瞪只想往西衝。悟空，悟靜才能悟出真正的人生。悟能悟出的是沾花惹草，享樂人生。白龍馬在關鍵時刻也能救他主子一命。

偉人毛澤東的詩中寫到「僧是愚氓猶可訓，妖為鬼蜮必成災，金猴奮起千鈞棒，玉宇澄清萬裏埃」。

《水滸傳》以「替天行道」之名起義，最終卻轟轟烈烈、自我毀滅。真正得道的卻是水族文化的「龍的傳人」——李俊和阮氏家族佔據南海，象徵文化的真正傳承不在暴力，而在智慧與包容。

《儒林外史》揭露了慾望過度的荒誕：範進年老中舉，卻因長期壓抑與慾望膨脹而發瘋，胡屠夫一巴掌喚醒他，象徵現實的衝擊能使人清醒；正如偉人詩句所言：「牢

騷太盛防腸斷，風物長宜放眼量」，人生應放寬視野，不困於小我執念。

　　《紅樓夢》中的哲語「假作真時真亦假，無為有處有還無」，揭示了人生幻象，世事難辨真假，用假語村言來講述紅樓夢，真事隱去，細說太虛情，則點明了作者以虛寫實的文化哲思。

第二節
精神文明：從物質走向高維認知

　　2024 年是甲辰年，象徵文化復興與精神文明的元年。人類正從物質文明——即對黑白是非、對錯判斷的二元科技邏輯——邁入更高維度的精神文明，即在對立中求統一、六維以上的天人合一道路。

　　這一轉型不是空談，而體現在實際科技進步與倫理回歸的交匯中。上帝指引人類「說老實話、辦老實事、做老實人」，伴隨著壽命延長和大健康工程，人類已步入新紀元。上帝更為人類準備了第二個地球，讓人類肩負更廣闊的宇宙責任，準備邁向星際文明。

　　這一返璞歸真的過程，回溯到母系社會的傳承與生命孕育的神聖邏輯。統計顯示，超過 90％ 的家庭中，母親往往比父親壽命更長。按經驗，每生育一個孩子，女性平均壽命可延長 3-5 年。這背後，蘊含著生命網絡的開通與身體自愈機制的運作。

第三節
母愛與生命的四象通關過程

據華蓋文化記載，女性在分娩過程中經歷「陣痛—變體—通關—出關」的四象聯通，象徵生命之網的激活過程。

傳說中，兔爺從廣寒宮下界，進入母體宮殿，接受三個正電荷「精氣神」和七個負電荷，經十月孕育修煉，通過九九八十一難，最終脫胎成為嬰兒，與母體分離。這一過程不僅是生命的誕生，更是母親身體經絡全面疏通的「修煉」。

分娩時，母親常陷入極度恐慌，青筋暴露、血管膨脹、疼痛難忍，從始至終都要使出全身之力。人體乾坤社稷圖，一次一次盡顯無餘。正是這種極限狀態激活了體內網絡系統，幫助她一次次排毒、強健身心。因此，古人有言：「生子一胎，增壽數載」，不僅是母愛的回報，更是生命本體的升華。

氣功修煉者對此體會尤深，他們每日疏通身體經絡、調整氣血，與母親分娩過

程所經歷的「體網暢通」異曲同工，皆為天道修煉的體現。

值此甲辰年，三陽開泰、六方和談之際，人類從物質文明進入精神文明，科技解放勞力，乾細胞、基因工程、自我調理技術快速發展，200歲壽命的目標正逐步實現。未來，坐著航天器進入「海市蜃樓」般的第二地球，不再是神話，而是精神文明時代的必由之路。

第貳拾柒篇

總結篇

甲辰年為華夏龍年，象徵新紀元的開啟。「甲」屬五行木，為開局之始；「辰」為龍，居中為正，代表破局與復興。

數字「5」對應混元初啟，是「無極生太極，太極生兩儀，兩儀生四象」的起點。四象的生成標誌著精神文明的高峰，也是天體、地體、海體與人體網絡全面貫通的象徵。

從此，人類文明將邁向更高維度，通往「第二地球」的仙山瓊閣。

甲辰年亦可借助數字語言解讀，其背後蘊藏著象徵性的文明密碼：

3：三陽開泰，天地人合一，吉兆之始

6：六方和諧，象徵全球共融

9：六方統帥，領導文明進程

一橫：上帝之命，執掌天道

這一數字組合寓意：在上帝引導下，文明由物質走向精神，實現天人合一、萬法歸一。

有詩為證：

蒙昧之初有神助，單純幼稚仙助攻
慾望打開生死限，從此人神別不同
世間本來無煩惱，攀比貪念皆自擾
功德圓滿須正念，和諧之初人本源
資本科技才智展，飛躍騰達理當先
人生要有核動力，天天都是一萬年
物質文明譜新篇，科技發展夢實現
要使人間真情在，不信六甲不團圓
精神文明天道引，三個地球上帝建
數字天文神仙事，人類追尋物理篇
乾坤網絡神通處，上下九州共方圓
要使寰宇金鑲玉，仙山瓊閣是人環

142857 是精神文明時代的核心密碼，象徵人類文明的返璞歸真與正本清源。

它承載著深層的文化轉向與宇宙法則：

「返」的是伏羲創世紀之初的自然之「樸」，

「歸」的是精神文明時代，重返伊甸園的純「真」；

「正」的是天人合一之「本」；

「清」的是天道和諧之「源」；
「推」的是三陽開泰、九子離火運的源動力；
「陳」的是新時代伊甸園的藍圖；
「出」的是上帝所創的三源地球；
「新」的是人類得以成神成仙的精神躍遷。

這一數列所代表的，不僅是數字邏輯，更是人類文明的進化路線：
人類由物質文明邁入精神文明，
人類從一己私念，走進公理殿堂，
人類的和諧，促成九州方圓，
人類的自身網絡通達，上帝為你開啟陸海天，
人類成神成仙，是上帝早已許下的諾言，
人類是上帝的子民，是三聖的傳人，
精氣神兒永遠充盈在天地間。

成神成仙，正是上帝對人類許下的早期承諾。

最終，人類作為上帝的子民、三聖的傳人，將以充盈天地的精、氣、神，迎來真正的文明升維之路！

筆者：文峰衍聖
澳大利亞文特沃斯高等教育集團
澳大利亞喬治教育集團
澳大利亞鉑特裏克教育集團
悉尼老子學院

2025 年 6 月於澳大利亞悉尼

後 記

　　當《侃氏定理 III》的最後一頁緩緩合上，一種難以言喻的深邃與震撼仍在心中迴盪。這不僅是一次思想的跋涉，更是一場靈魂的回歸。從第一冊對宇宙生成的恢弘推演，到第二冊對生命秩序的層層解構，再到第三冊對意識與精神結構的縱深穿透，祝守文先生以不凡的智慧與恢宏的筆力，為我們鋪展出一條由星辰歸於心靈的光輝旅程。

　　在本冊之中，作者將目光引入精神的高維領域，於靜默之處探尋存在之真義。他以沉潛的哲思為舟，以開闊的視野為帆，穿越那隱秘於日常知覺背後的意識海洋，揭示出意識並非大腦神經的漣漪，而是宇宙演化的深層脈動；精神，不再是物質結構的附屬，而是萬象背後真正的主宰。每一章節，皆似一次靈覺的迴響；每一命題，皆若擊中靈魂的編鐘。

　　這一冊的問世，是整個《侃氏定理》體系由「仰觀天文」而「俯察內境」的轉折點，是從宇宙形構的理性推演，邁入精神自覺的詩性洞見。它不僅架起了天人之橋，也為陷入喧

囂與迷惘的現代文明開辟出一條靜謐而深遠的心靈之路。面對時代的浮躁與科技的狂飆，本書猶如暮鼓晨鐘，喚醒人類內在的古老智慧，引領我們重新凝視「我是誰」的終極追問。

在此，我們深懷感恩之情。感念祝守文先生數十年如一日的獨立思考與沉潛書寫，感念他為這個時代留下這部足以穿越塵世喧囂、直指精神本源的瑰麗思想之作。也感恩每一位翻閱此書的讀者，是你們讓這部作品不僅活在紙上，更在思想中迴響，於靈魂中發光。

願這本書能成為你我心中的一盞燈，照亮那通往更清明、更深刻、更自由境界的智慧之路。若心不迷，道即不遠。

德福出版社